Gloster's
글로스터의
Home Gardening
홈가드닝
Story
이야기

Gloster's 글로스터의
Home Gardening 홈가드닝
Story 이야기

초보 식물 집사를 위한 안내서

글로스터 글
아피스토 그림

미디어샘

평생 꽃을 사랑하시고,

소천 직전까지도 저를 위해 쉬지 않고 기도해주셨던

사랑하는 나의 어머니에게 이 책을 바칩니다.

Gloster's
Home Gardening
Story

P R O L O G U E

코로나19의 여파로 실내가드닝에 많은 사람들의 관심이 집중되고 있고 이제는 인터넷을 통해서도 쉽게 식물을 구입할 수도 있어 식물에 대한 접근성이 과거에 비해 많이 높아졌습니다. 그래서인지 예전에 비해 더 다양한 연령층에서 식물에 대해 관심을 가지고 집, 회사, 식당, 카페 등등 다양한 장소에서 식물을 키우는 것을 볼 수 있게 되었습니다.

하지만 여전히 많은 사람들이 식물을 들였다가 죽이고 다시 들였다가 죽이는 것을 반복하고 있습니다. 저는 오랫동안 다양한 식물을 키워오면서 식물을 키우는 것이 어렵다는 분들과 이야기를 할 기회가 많았습니다. 이를 통해 많은 분들이 구입하는 식물에 대해 공부하고 식물의 특성을 이해하여 키우기보다는, 구입할 때 알려주는 대로 기계적인 매뉴얼에 따라 식물을 키우다보니 실패도 많이 겪게 된다는 것을 알게 되었습니다.

그래서 저는 블로그를 통해 식물 키우는 방법에 대한 포스팅을 하기 시작했습니다. 다행히 많은 블로그 이웃분들이 제 블로그 글을 통해 식물을 더 잘 이해할 수 있게 되었다는 이야기를 듣게 되었습니다. 나아가 적절한 관리를 통해 가드닝을 즐기게 되었고, 번식법을 배워 주변 사람들과 나누는 즐거움도 알게 되었다는 이야기도 듣습니다.

하지만 인터넷을 통한 공부는 필요한 정보만 선택적으로 찾고 습득하는 측면이 많아 가드닝의 기본기를 기초부터 차분하게 배우기에는 한계가 있다는 점이 늘 아쉬웠습니다. 이 책은 그 고민의 결과물입니다. 최대한 제가 아는 정보들을 많이, 그리고 쉽게 담기 위해 지난 1년간 고민하며 책을 써내려갔습니다. 좀더 정확하고 이해하기 쉬운 정보를 제공하기 위해 유튜버 아피스토님의 일러스트가 추가되어 책의 완성도는 더 올라가게 되었습니다.

이 책을 통해 많은 독자분들이 식물 키우기에 대한 자신감을 얻고 다양한 식물을 잘 키우게 되어 주변에서 "식물 금손"이라는 이야기를 듣게 된다면 정말 기쁠 것 같습니다. 식물의 종류는 정말 다양하지만, 기본기를 잘 습득하면 다양한 식물을 잘 키울 수 있습니다. 특히 최근에는 가드닝 쪽에도 LED 식물등과 같은 편리한 기술들이 많이 도입되었기 때문에, 실내에서도 건강하고 아름다운 식물을 키울 수 있습니다. 부디 이 책을 통해 많은 분들이 식물 키우기의 즐거움에 푹 빠지기를 기대해봅니다.

글로스터

Gloster's
Home Gardening
Story

CONTENTS

Prologue 006

BASIC
실내가드닝   식물 초보를 위한 기초 레시피

열대 관엽식물, 실내가드닝에 좋은 이유	012
실내가드닝 툴을 준비하자	016
계절에 따른 식물 관리법	024
흙을 알아야 식물이 잘 자란다	032
물주기, 세 가지만 확인하면 된다	042
열대 관엽식물과의 동거, 습도가 관건이다	050
환기가 중요하다	057
실내가드닝에서의 빛 관리와 식물등	062
어떤 화분이 좋은 화분인가?	070
column.1 토분 세척하는 법	078
초간단 분갈이 방법을 알아보자	080
가드닝의 잇템, 수태를 활용하는 방법	087
column.2 수태봉 만드는 법	094
비료 잘 쓰는 법을 알아보자	100
피할 수 없는 해충, 철저하게 방제하자	108

부록 1 식물 용어 227
부록 2 이 책에 등장한 식물 234
부록 3 식물 키우는 법 236
부록 4 유용한 식물 관련 사이트 242
부록 5 추천 식물 카페 243

ADVANCE
실내가드닝   식물 고수의 비밀 레시피

식물 고수의 비밀 가드닝 툴	116
식물의 번식 전략 이해하면 번식이 쉽다	118
물꽂이 성공 방정식을 알아보자	123
다양한 삽목토와 직접 만들어 쓰는 삽목분	130
column.3 DIY 삽목분 만드는 법	136
잎 한 장으로 새로운 개체를 만들어보자	138
필로덴드론이 인기 있는 이유	146
필로덴드론속 식물 케어 방법	150
필로덴드론 번식 꿀팁	156
알로카시아 풍성하게 키우는 법	163
column.4 친환경 마요네즈 난황유 농약 만들기	169
알로카시아 번식 세 가지 방법	170
몬스테라 알보 키우는 법과 삽수 번식하기	176
칼라데아 예쁘게 잘 키우는 법	188
칼라디움 잘 키우는 법, 번식, 그리고 동면	196
안스리움 케어와 번식법	204
제주애기모람 키우는 법과 테라리움 만들기	215
초코리프 케어, 번식과 수형 잡기	221

Gloster's
Home Gardening
Story

BASIC
실내가드닝

———

식물 초보를 위한
기초 레시피

Gloster's Home Gardening Story
열대 관엽식물, 실내가드닝에 좋은 이유

식물은 빛과 바람, 온습도가 모두 맞아야 실내에서 키울 수 있다. 열대 관엽식물은 제한적인 실내환경에서도 잘 키울 수 있는 조건을 갖추고 있다.

실내에서 식물이 살려면

식물이 주는 긍정적인 효과로 많은 사람들이 실내에서 식물을 키우고 싶어 합니다. 게다가 최근 다양한 이유로 실내 생활의 비중이 높아지다 보니 녹색에 대한 그리움은 더욱 강해졌지요. 하지만 우리가 생활 속에서 만난 실내식물은 생기를 잃어버린 채 방치되거나 웃자라서 보기 싫은 모습도 많습니다. 또 실내에서 식물을 키우다 '무지개 다리'를 건너는 경험도 합니다.

실내가 식물에게 부적합한 이유는 여러 가지가 있습니다. 가장 큰 장애물은 첫 번째가 빛입니다. 실내에서는 아무리 빛이 잘 들어온다고 해도 야외에서 받을 수 있는 빛의 양에 비해 매우 적은 광량일 수밖에 없습니다. 실내에서 가장 햇볕이 잘 들어오는 창가라고 해도 자연 속 식물에 비하면 일조 시간에 비해 제한적인 편입니다. 두 번째는 바람입니다. 계속 바람이 부는 바깥에 비해, 실내의 공기는 이동이 별로 없습니다. 하지만 바람은 식물의 생존에 있어 매우 중요한 요소입니다. 세 번째는 습도입니다. 사람들이 좋아하는 습도와 식물이 좋아하는 습도는 식물군에 따라 비슷하기도, 너무 건조하기도, 또는 너무 습하기도 합니다. 생각해보면 식물은 사람을 위해 존재하지 않습니다. 하지만 사람들은 보기에 좋다고 식물을 인테리어 소품처럼 배치하기도 합니다. 사막과 같은 기후에서 자라는 다육식물을 어두운 실내에 두고 물도 자주 준다면 정말 볼품없는 모습으로 변할 수밖에 없을 것입니다. 빛도 많이 필요하고 물도 충분해야 잘 자라는 침엽수를 실내에 둔다면 어떨까요? 역시나 엉망이 될 수밖에 없겠지요.

집으로 들어온 열대 관엽식물

그렇다고 해서 실내식물을 포기할 수는 없습니다. 실내에서도 약간의 노력을 기울이고 관심만 가져준다면 키울 수 있는 식물이 있기 때문입니다. 바로 열대 관엽식물들이 실내에서도 적합한 식물이라 할 수 있습니다. 세계적으로 열대 관엽식물이 실내식물로 인기를 끄는 이유는 뭘까요?

첫째, 실내에서 키우기 적합한 특성을 가지고 있습니다. 열대 관엽식물은 실내라는 제한적인 환경에서도 성장할 수 있습니다. 실내에서 키울 수 있는 열대 관엽식물은 빛이 강하지 않은 환경에 적응되어 있는 품종들입니다. 밀림의 상층부는 이미 빽빽한 나무들로 인해 빛이 차단되어 있기 때문에 하층부에는 빛의 도달률이 상당히 떨어질 수밖에 없습니다. 그래서 이 정도의 빛은 유리창을 통해 들어오는 빛이나 식물등을 사용하여 커버해줄 수 있습니다. 열대식물이 좋아하는 온도는 품종에 따라 다르긴 하지만 일반적으로 최저 15도 이상의 따뜻한 날씨입니다. 이런 점에서 사람들이 거주하는 공간의 온도는 이들에게 나쁘지 않은 셈이지요.

둘째, 사람들이 좋아하는 외적 특징을 가지고 있는 식물입니다. 이른바 '찢잎'이라고 불리는 찢어진 잎 등 다양한 형태의 몬스테라나 필로덴드론에서부터 신기한 패턴의 잎을 가진 칼라데아 등이 있습니다. 또한 화려하고 다양한 잎의 칼라디움, 알로카시아와 고급스러운 잎을 가진 안스리움 등 다양한 식물군이 열대 관엽식물에 포함되어 있습니다. 그래서 열대 관엽식물이야말로 적절한 환경을 조성한다면 실내에서 멋지게 키울 수 있는 식물이라고 할 수 있습니다.

Gloster's
Home Gardening Story

_____

Q&A

Q. 열대 관엽식물은 실내 어떤 곳에 두어도 잘 자라나요?
A. 창가에 두는 것이 좋고, 빛이 부족하다면 식물등과 같은 도구로 보완해주는 등의 조치가 필요합니다. 다만 다른 식물보다 빛 요구량이 적은 편이어서 식물등만으로도 웃자라지 않게 키울 수 있습니다.

POINT IT!

온실을 활용하자
습도가 높아야 잘 자라는 베고니아나 안스리움을 실내에서 키울 때 아크릴 온실 등의 온실을 사용하면 더 예쁘게 잘 키울 수 있습니다. 최근에는 이케아에서 판매하는 유리 장식장, 아크릴 케이스(아크릴 온실), 케이크 PE박스 등을 활용한 온실도 많이 활용되고 있습니다. 키우는 환경과 상황에 맞춰 온실을 활용하는 것도 즐거운 실내식물 키우기에 도움이 될 수 있습니다.

Gloster's Home Gardening Story
실내가드닝 툴을 준비하자

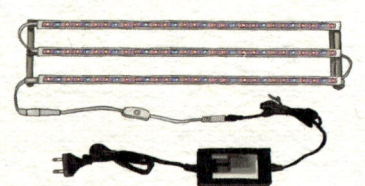

LED 전구 식물등 / LED바 식물등
빛이 잘드는 환경에서도 식물등은 선택이 아닌 필수다.

서큘레이터
환기가 잘돼야 식물의 성장이 촉진되며 병해충도 예방할 수 있다.

식물용 선반
식물용 선반은 식물의 사이즈와 식물등 높이를 감안해서 구입하자. 이케아의 레르베리 선반이 많이 사용된다.

가습기
늦가을부터 초봄까지는 가습기로 공중습도를 높여주자.

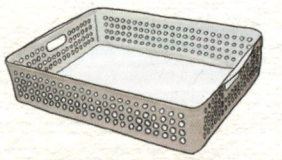

선반 바스켓
실내에서 물을 주어도 화분의 물이 바닥으로 떨어지지 않고 약간의 저면 관수 효과가 있다.

플라스틱 사선삽
작은 화분 분갈이 시 유용하다.

모종삽
크기별로 용도에 맞게 모종삽을 구비하자.

아이스크림용 플라스틱 숟가락
쉽게 구할 수 있는 미니 모종삽으로 활용도가 높다.

지지대
가지가 굵지 않은 식물이나 덩굴 식물에게 필요한 용품이다.

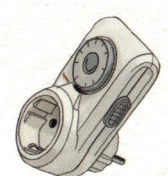

플라스틱 망
화분의 물구멍을 막아 상토의 유실을 막는다.

콘센트 타이머
식물도 잠 자는 시간이 필요하다. 수동으로 켜고 끄다 보면 깜빡할 수 있기 때문에 콘센트용 타이머를 활용하면 좋다.

전정가위
가지나 뿌리 정리할 때 필수품이다.

수태봉 / 코코넛봉
나뭇가지를 타고 올라가는 특성이 있는 식물들을 건강하게 키우기 위해 필요하다.

분갈이 매트 / 이케아 쇼핑백
분갈이 시 정리정돈을 잘하기 위해 필요하다.

꼭 필요한 가드닝 툴

가드닝을 하다 보면 다양한 가드닝 툴의 도움을 받아야 할 때가 많습니다. 가드닝을 할 때 사용하는 필수적인 툴에는 어떤 것들이 있는지 살펴보고, 사용법까지 알아보겠습니다.

식물등

실내가드닝에 가장 큰 난관은 빛 부족인 경우가 많습니다. 하지만 최근에는 다양한 LED 식물등이 나와 있습니다. 이제 식물등은 실내가드닝에서는 필수품이라고 해도 과언이 아닙니다. LED 식물등은 형태적으로는 크게 선반의 윗부분에 부착하는 바형 식물등과 소켓에 연결하여 사용하는 전구형 식물등으로 구분할 수 있습니다. 다만 식물등 구입 시에는 반드시 광량과 파장대를 확인하여 제대로 역할을 할 수 있는 식물등을 활용해야 효과적으로 활용이 가능합니다. 식물등은 실내가드닝에서 너무나 중요하기 때문에 뒤에서 보다 자세하게 다루겠습니다(62쪽 참고).

서큘레이터

실내에서 식물을 키울 때 통풍이 잘되지 않으면 식물의 증산작용 및 호흡에 문제가 발생하거나 병해충이 생길 수 있습니다. 그래서 전체적인 환기를 위해 거실 천장에 팬을 달기도 하고, 서큘레이터를 설치해서 통풍을 시킬 수 있습니다. 통풍은 전체 공기가 대류가 될 수 있도록 해주는 것이 좋으며 날이 따뜻할 때는 외부와 통풍을 해주는 것도 중요합니다.

가습기

늦봄부터 초가을까지는 가습기가 필요없지만, 늦가을부터 초봄까지는 온도가 낮아져 난방을 하기 때문에 공중습도가 떨어지는 경우가 많습니다. 이때 가습기로 공중습도를 높여주면 식물 성장에 도움이 됩니다. 가습기는 매일 물을 갈아주는 것이 좋고 가습기 자체도 일주일에 한 번 이상 청소를 해주는 것이 좋습니다. 가열식이나 초음파식 모두 상관은 없습니다.

식물용 선반

식물용 선반으로 가장 많이 활용되는 것은 '이케아' 레르베리 선반입니다. 가격이 저렴하면서도 디자인이 좋아서 '국민 식물 선반'으로 활용됩니다. 그 외에도 다양한 선반이 식물용으로 사용될 수 있으나 키우는 식물의 사이즈(키), 식물등 부착까지 감안해 구입하는 것이 좋습니다.

선반 바스켓

식물용 선반에 바스켓을 별도로 사용하지 않으면 물주기가 매우 어렵습니다. 일일이 베란다나 화장실로 들고 가서 물을 주는 것이 처음에는 큰 기쁨이고 즐거움일 수도 있겠지만, 화분의 수가 늘어나면 이른바 '물시중'으로 변해서 힘든 일이 되고 맙니다. 바스켓을 활용하면 선반에 있는 식물에 바로 물을 줄 수 있기 때문에 식물을 돌보는 시간도 줄어들고, 선반에 물이 고였다가 증발하는 과정을 통해 습도를 높여주는 효과가 생기기도 합니다.

모종삽

큰 화분의 분갈이를 할 때나 구입한 상토를 지퍼백에 옮겨 담을 때는 큰 모종삽을 사용합니다. 한 번에 많은 양을 담을 수 있는 장점이 있지만, 작은 화분의 분갈이용으로는 적합하지 않습니다. 작은 화분 분갈이에 사용하면 화분 밖으로 흙이 많이 흐를 수 있습니다.

따라서 작은 모종삽도 함께 구비하면 좋습니다. 작은 모종삽은 일반적인 분갈이에 사용합니다. 흙을 화분에 넣을 때도 사용하고, 분갈이 시 식물의 뿌리가 기존 화분벽에 달라붙어 있으면 모종삽을 화분벽에 밀어 넣으며 뿌리를 떼어낼 때도 사용할 수 있습니다.

플라스틱 사선삽

작은 화분의 분갈이 시 유용합니다. 흙이 적게 담기기는 하지만, 흙이 화분 밖으로 흐르지 않게 할 수 있어 편리합니다. 흙의 양을 계량할 때도 유용합니다.

아이스크림용 플라스틱 숟가락

패스트푸드점에서 판매하는 아이스크림용 플라스틱 숟가락입니다. 기계에 꽂아서 아이스크림을 믹싱하기 위한 숟가락이기 때문에 다른 제품과 달리 단단하여 활용도가 높습니다. 작은 화분의 분갈이 등에 사용합니다(맥도날드 맥플러리, 롯데리아 토네이도 전용 숟가락 등이 있다).

전정가위

삽수를 자를 때, 가지치기를 할 때, 뿌리를 정리할 때 사용합니다. 작은 가위는 주로 잎을 자르거나 부드러운 줄기를 자를 때 사용하고, 크고 날이 휘어 있는 가위는 굵고 목질화된 가지를 자를 때 사용합니다. 키우는 식물의 종류에 따라 필요한 전정가위의 종류가 달라질 수 있으므로 주로 키우는 식물에 필요한 가위를 구입하면 됩니다.

분갈이 매트 / 분갈이용 소프트 바스켓

분갈이 매트, 분갈이용 쇼핑백, 소프트 바스켓은 어떤 제품이든 하나 정도만 있어도 됩니다. 용도는 분갈이 전 미리 깔고 그 위에서 분갈이를 하는 용도이며, 흙이 떨어졌을 때 정리정돈을 잘하기 위한 것입니다. 분갈이 매트는 인터넷에 검색하면 쉽게 구입할 수 있습니다. 이케아의 파란색 쇼핑백도 사이즈가 크기 때문에 분갈이용 매트로 사용하기 좋습니다. 이케아에서 판매하는 루르비그 검은색 고양이 화장실이나 토르키스 빨래바구니도 가성비가 뛰어납니다. 바스켓은 흙을 배합할 때도 사용이 가능하므로 2개 정도는 가지고 있으면 편리합니다.

지지대

지지대는 식물의 수형을 잡아주기 위해 필요합니다. 특히 토피어리 형태의 수형을 만들 때 키를 키우면서 위로 올려줘야 하는데, 이때 가지가 아직 굵지 않아서 지지력이 부족한 경우가 많아 지지대를 이용해서 원하는 만큼 키를 키워줍니다.

4mm 이상의 굵은 분재철사를 지지대로 활용할 수도 있고, 망가진 우산살을 활용해 지지대를 만들 수도 있습니다. 주의할 점은 지지대에 눈을 찌르거나 피부에 상처를 입을 수 있으니, 반드시 지지대의 끝은 둥글

게 휘도록 하거나 보호캡 등을 씌워서 눈이나 피부가 찔리는 것을 보호할 수 있도록 조치해야 합니다.

수태봉 / 코코넛봉
나무를 타고 올라가는 것을 좋아하는 클라이머 계통의 필로덴드론이나, 몬스테라류에게 수태봉이나 코코넛봉은 침대와 같습니다. 수태봉/코코넛봉을 꽂아서 기근이 파고들거나 붙을 수 있게 해주면 식물이 더 건강하게 잘 자랍니다(94쪽 참고).

플라스틱 망
일반적으로 토분 등은 화분 아래의 물구멍이 큰 경우가 많습니다. 이럴 때 플라스틱 망을 적당하게 잘라서 흙이 유실되는 것을 막아줍니다. 플라스틱 망이 없을 경우에는 코코칩을 바닥에 적당히 깔아서 사용해도 같은 효과를 냅니다. 플라스틱 슬릿분처럼 물구멍이 작게 여러 곳에 뚫려 있는 경우에는 일반상토를 그대로 사용해도 됩니다.

Gloster's
Home Gardening Story

Q&A

Q. 식물등은 계속 켜두면 식물이 더 빨리 자라나요?

A. 식물들도 잠을 자는 시간이 필요합니다. 하루 종일 식물등을 켜두면 전기 요금이 많이 나올 뿐 아니라, 빛 공해로 식구들에게도 방해가 되겠지요. 그래서 밤에는 식물등을 끄는 것이 좋습니다. 다만 수동으로 켜고 끄다 보면 깜빡하기도 하고 시간도 불규칙해지기 때문에, 타이머를 활용하면 좋습니다. 시중에 콘센트용 타이머를 검색하면 '르그랑' 등의 브랜드에서 나온 10~15분 단위의 타이머를 구입할 수 있습니다. 타이머의 용량을 감안해서 식물등을 연결하면 안전하게 사용할 수 있습니다. 생각보다 타이머 용량이 크고, 식물등의 용량은 작아서 멀티탭을 이용해 많은 식물등을 안전하게 자동 점멸시킬 수 있습니다.

POINT IT!

선반 바스켓으로 습도 높여주기

식물용 선반 바스켓에 하이드로볼을 적당한 높이로 깔아주면, 습도를 올려주고 바스켓 아래가 오염되는 것을 상당 부분 줄일 수 있습니다. 뿐만 아니라 자칫 물을 많이 주더라도 아래에 공극이 생겨서 과습될 가능성을 줄여줍니다. 또 열대식물의 경우 스콜 이후 땅에서 증발되는 습도를 좋아한다고 하는데, 이런 미기후(微氣候, 지상 1.5m 이하의 대지와 직접 접한 대기층의 기후. 식물 생장에 밀접한 관련이 있다)를 조금이나마 재현해줄 수 있다는 점에서도 하이드로볼을 사용하는 것은 좋은 방법입니다.

Gloster's Home Gardening Story
계절에 따른 식물 관리법

봄
봄은 식물 성장을 자극하는 시기!
분갈이를 하자.

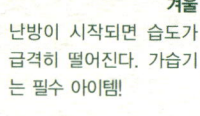

여름
장마철엔 물 소비가 줄어든다.
과습에 유의하자.

겨울
난방이 시작되면 습도가 급격히 떨어진다. 가습기는 필수 아이템!

가을
습도가 떨어지는 계절이다.
온실을 미리미리 준비하자.

사계절 내내 잘 키우기

우리나라는 사계절이 뚜렷하고 계절별로 온도와 습도 등 환경이 확연하게 차이 나기 때문에 계절별로 식물 케어 방법을 잘 알아두어야 합니다. 많은 이들이 봄철에 식물을 늘려서 여름까지 잘 키우다가 가을, 겨울로 접어들면서 식물을 죽이면서 이른바 '식태기(식물 권태기)'에 빠지기도 합니다. 하지만 실내가드닝의 장점 중 하나는 실내에서 식물을 키울 수 있는 것이기 때문에, 적절하게 관리한다면 계절의 변화에 크게 흔들림 없이 멋지게 키울 수 있습니다.

봄

추웠던 겨울을 지나 다시 식물들이 생기를 찾는 계절인 봄에는 실내에서 겨울을 잘 보낸 식물 또한 더 활기를 찾는 시기입니다.

분갈이하기 좋은 계절

봄에는 기본적으로 분갈이를 하는 것이 좋습니다. 새로운 흙으로 식물의 성장을 자극해주는 것이 좋기 때문입니다. 흙을 오래 쓰면 흙 자체의 영양분도 손실될 뿐 아니라 염류가 증가해서 뿌리 성장이 잘되지 않습니다. 또한 봄은 생장이 본격적으로 시작되기 때문에, 썩거나 상한 뿌리를 정리해주고, 기능을 잃은 잔뿌리 등을 일부 제거해주는 과정을 통해 뿌리의 성장을 오히려 자극할 수 있는 좋은 시기입니다.

방심은 금물, 꽃샘추위

이 시기에 또 주의할 점은 꽃샘추위입니다. 날이 따뜻해졌다고 방심하고 문을 잠깐 열어두었다가 찬바람에 식물이 타격을 입기도 하고, 바깥 걸이대에 잠시 두었다가 잊어서 냉해를 입기도 하죠. 따라서 온도 등을 지속적으로 체크하며 대처해야 합니다.

봄비는 보약

봄에 내리는 비가 식물에게는 보약이라는 말이 있습니다. 미네랄이 풍부하기 때문입니다. 빗물을 모아서 식물에게 주는 사람도 있을 정도입니다. 식물의 수가 적다면 봄비가 내릴 때 비를 맞게 하는 것도 좋습니다.

걸이대 적응기

베란다 화분 걸이대를 이용해 외부에 식물을 놓아둘 계획이 있다면 갑자기 식물을 내놓지 말고 서서히 적응을 시켜 내놓아야 합니다. 안전하게는 차광막을 이용해서 직광(유리창을 거치지 않은 직사광선)에 적응시킬 수 있고, 기존 잎이 조금 타도 괜찮다고 생각한다면 온도가 올라가는 봄철부터 바로 내놓을 수도 있습니다.

삽목 잘되는 봄

봄에는 삽목이 잘되는 편입니다. 여름철에는 온도가 높아져서 삽수가 부패하는 경우가 많으니 겨울철에 미뤘던 삽목을 진행하는 것도 좋습니다. 특히 여름에 잘 자라는 열대 관엽식물의 경우에는 봄철에 삽목을 하여 번식을 하면 뿌리도 빠르게 나고 이후의 성장도 원활하기 때문에, 이 시기가 번식의 적기라고 할 수 있습니다.

여름

열대 관엽식물은 여름철에 빠르게 성장하는 편입니다. 온도가 높고 습도도 높고 빛의 질도 좋아서 이 시기를 '여름 부스트'라고 부를 정도지요. 열대 관엽식물 애호가들은 여름을 좋아합니다. 다만 이 시기에도 실내에 둔 식물들은 조심할 부분이 있습니다.

직광을 조심하라

열대식물은 유리창을 한 번 통과한 빛 정도로 화상을 입지는 않습니다. 그러나 유리창을 통과하지 않은 빛, 즉 직광을 바로 맞게 되면 잎이 타는 경우가 많습니다. 특히 일조시간이 긴 곳에 식물을 두었을 때는 더 위험합니다. 침엽수나 초코리프, 허브류 등은 직광 적응기를 거친 다음 걸이대에 바로 놓고 물을 자주 주면서 키우면 좋지만, 열대 관엽식물은 가능한 유리창을 통과한 빛을 충분히 보여주는 것이 좋습니다.

또 이 시기에는 빛의 각도가 높아지면서 겨울이나 봄에 비해 거실 깊숙이 빛이 들어오지 않고 창가에만 빛이 들어오는 경우가 많습니다. 따라서 실내 깊은 곳에서 키우는 식물이라면 식물등이 필요합니다.

물주기의 스트레스

여름철에 빠르게 성장하는 식물들은 그만큼 물도 많이 필요하게 됩니다. 따라서 하루이틀 물을 빼먹었다가 식물이 마르거나 스트레스로 상태가 나빠지는 경우도 생기게 되지요. 물이 너무 자주 마르는 경우, 더 큰 화분으로 분갈이를 해주는 것이 좋고, 배수를 좋게 하는 펄라이트 같은 재료의 비율을 조금 줄여주는 것도 물수발의 노예에서 벗어날 수 있는 방법입니다. 바로 분갈이를 해주지 못한다면 물받이 등을 이용해 물이 어느 정도 남아 있게 하는 것도 방법입니다. 겉흙이 마르는 정도를 유심히 관찰하여 식물을 마르게 하는 일이 없도록 관리해주세요.

장마철에는 과습 조심!

6월 말부터 7월 초까지의 장마철에는 습도가 매우 높고 빛이 부족합니다. 이 시기에 제일 조심할 부분은 물주기입니다. 빛이 부족한데 공중 습도는 매우 높기 때문에 식물의 물 소비량은 많이 줄어듭니다. 이때 여태까지 물을 주던 패턴대로 물을 주면 과습으로 뿌리를 썩혀버릴 수 있습니다. 반드시 화분의 물 마름 상태를 확인해보고 물을 주어야 합니다.

장마철을 활용하여 삽목을 하는 것은 좋은 전략입니다. 또한 온실 등에서 키우던 식물을 실습(실제 습도) 적응을 시킬 수 있는 시기이기도 합니다. 본격적인 여름철을 대비해 온실에서 식물을 꺼내 실습에 적응을 시키면 여름 부스트를 이용해 식물을 빠르게 성장시킬 수 있습니다.

가을

가을로 넘어가면서는 온도가 서서히 떨어지고 일조량도 줄어들게 됩니다. 초가을에는 여름철과 비슷하게 관리를 해주면 됩니다. 다만 중반을 넘어가면서 식물들의 겨울철 대비 준비를 해주는 것이 좋습니다. 예를 들어 칼라디움은 동면을 시키는 것이 좋습니다(200쪽 참고). 가을이 되며 급격하게 습도가 떨어지면 습도에 예민한 식물은 잎이 잘 펴지지 않거나 찢어지는 일도 발생합니다. 이 시기부터는 가습기를 꺼내서 사용하기도 합니다.

온실을 활용하자

아크릴 온실이나 '이케아' 밀스보 온실 등에 다시 식물을 넣어두면 좋습니다. 온도와 습도를 높여 여름철 환경을 맞춰줄 수 있기 때문에 성장 속도를 유지할 수 있다는 장점이 있습니다. 다만 온실에 식물을 넣어둘 때는 물을 자주 주면 과습이 될 수 있으므로 물주는 간격을 길게 잡아 관리해야 합니다.

가을에도 분갈이할 수 있다

여름을 지내며 흙의 보수성 등이 떨어진 경우에는 가을 분갈이를 해주는 경우가 있습니다. 특히 제라늄은 가을과 겨울철에 오히려 꽃을 많이 보여주기 때문에, 여름이 끝나면서 가을 분갈이를 하게 되면 성장성을 높이고 꽃도 많이 볼 수 있어서 가을 분갈이를 필수적으로 해주는 경우가 많습니다.

겨울

열대식물을 키우며 가장 어려운 시기가 겨울입니다. 식물을 키울 수 있는 공간도 실내로 한정되어 식물이 밀집되는 경우도 많고, 주로 베란다만 활용하던 이들은 겨울철 실내에 마땅한 공간을 마련하지 못하는 경우도 많기 때문입니다. 열대식물의 월동을 위해서는 가을부터 실내에 어느 정도 식물 놓을 장소를 확보하는 것이 좋고, 또 겨울 전 번식했던 식물들을 분양하는 등 개체 수를 조절하는 것도 방법이 될 수 있습니다.

습도를 높여주는 가습기

겨울철 난방기를 틀면 습도가 급격하게 떨어지게 됩니다. 따라서 난방기와 가습기는 반드시 함께 사용해서 실내의 습도를 높여주는 것이 좋습니다.

겨울철 물주기

겨울철에는 수돗물의 온도가 매우 차갑기 때문에 수돗물을 바로 식물에 주면 식물들이 쇼크를 받을 수 있습니다. 그래서 가급적이면 2L 페트병 등에 물을 하루이틀 전 미리 받아 거실 등에 두었다가 물을 주는 것이 좋습니다.

베란다 온도 높이기

베란다에 난방기구를 사용하거나, 거실의 따뜻한 공기를 유입시켜서 온도를 높임으로써 겨울철에도 활용할 수는 있습니다. 하지만 찬 바깥 공기와 따뜻한 실내의 온도 차이가 크기 때문에 결로현상을 일으켜 베란다 전체에 곰팡이가 생길 수 있습니다. 그래서 가급적이면 겨울철에는 베란다를 활용하지 않는 것이 좋습니다.

겨울 삽목 괜찮을까?

실내 공간을 활용하는 경우 겨울철 삽목도 성공률이 높습니다. 온도가 높지 않으면서도 일정하게 유지되는 편이기 때문에, 삽목 후 아크릴 온실 등에 밀폐하는 경우에도 삽수가 부패하지 않고 뿌리를 낼 수 있는 충분한 시간을 가질 수 있습니다.

Gloster's
Home Gardening Story

___

Q&A

Q. 분갈이는 얼마나 자주하는 것이 좋은가요?
A. 자연 속의 식물들은 이동을 하지 못하는 대신 뿌리를 원하는 만큼 뻗어서 새로운 영양분을 흡수합니다. 하지만 화분에 담긴 식물은 일정 시간이 지나면 뿌리가 흙을 다 흡수할 정도로 뿌리만 가득차기도 합니다. 이 상태에서 분갈이를 해주지 않는다면 식물의 성장이 더뎌지고 결국은 잘못될 수도 있습니다. 따라서 적절한 시기의 분갈이는 필수적이라고 할 수 있습니다. 식물마다 뿌리의 성장속도가 다르지만 일반적으로 물구멍 밖으로 뿌리가 탈출하는 시점이나 식물의 잎이 작아지거나 성장속도가 느려질 때, 또 물을 주는 텀이 짧아지는 등 뿌리가 물을 빠르게 흡수할 때가 분갈이를 할 타이밍입니다. 다만 겨울철 동면을 하거나 성장이 정지된 식물의 경우에는 다시 성장을 시작하는 시점에 분갈이를 해주시는 것이 좋습니다.

POINT IT!

여름철 에어컨과 습도 관리
여름철 실내는 어쩔 수 없이 에어컨을 가동하게 됩니다. 그런데 찬바람을 바로 맞으면 식물들에게 좋지 않습니다. 따라서 에어컨을 사용할 때 바람의 방향, 온도 설정 등을 잘 맞춰주어야 식물과 사람이 실내에서 동거할 수 있습니다. 가급적 에어컨은 거실의 위로 향하게 하고 서큘레이터 등으로 전체적인 공기의 순환을 일으켜주는 것이 좋습니다. 만약 어쩔 수 없이 에어컨의 찬바람이 닿는 곳이라면 아크릴 온실 등으로 직접적인 바람의 피해를 막아주는 것이 좋습니다.

Gloster's Home Gardening Story
흙을 알아야 식물이 잘 자란다

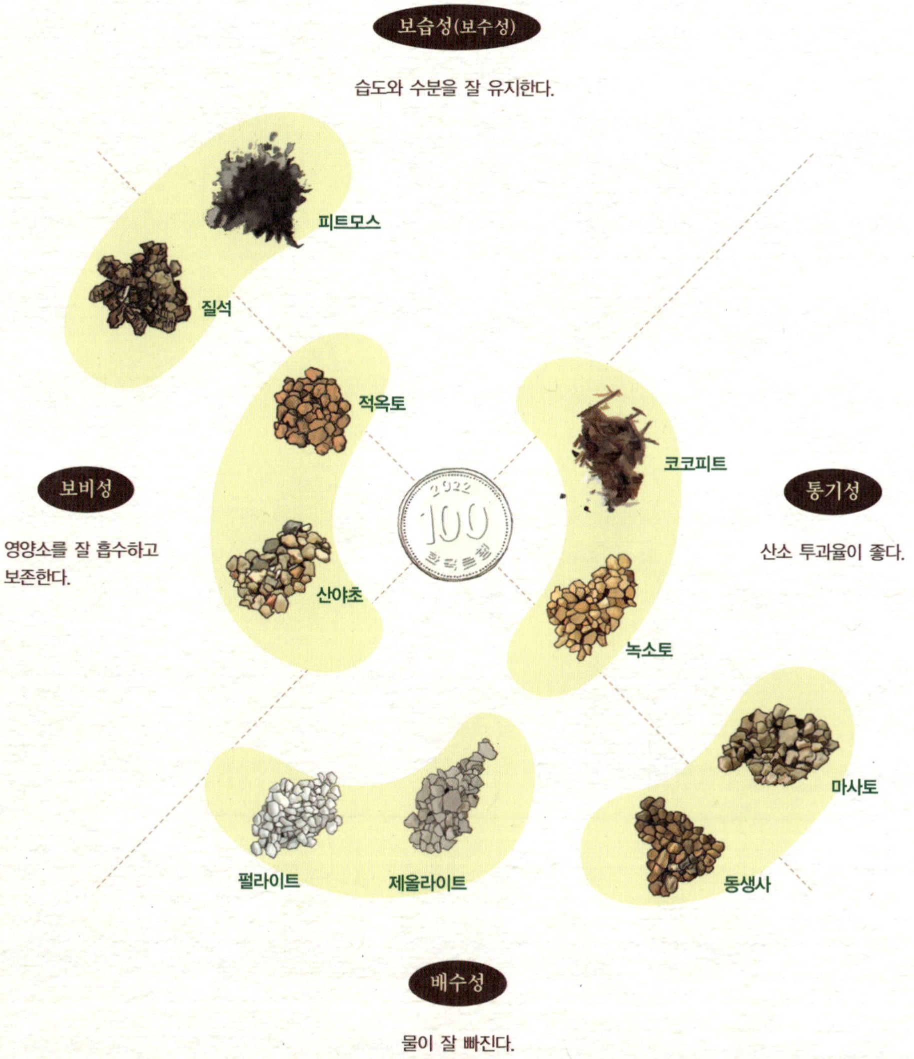

보습성(보수성)
습도와 수분을 잘 유지한다.

피트모스

질석

적옥토

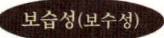

코코피트

보비성
영양소를 잘 흡수하고 보존한다.

산야초

녹소토

통기성
산소 투과율이 좋다.

펄라이트

제올라이트

마사토

동생사

배수성
물이 잘 빠진다.

032

좋은 토양의 조건

〈용비어천가〉에 "뿌리가 깊은 나무는 바람에 흔들리지 않고 꽃이 찬란하게 피고 열매도 많이 맺힌다"는 표현이 있습니다. 식물에서 보이지 않지만 제일 중요하면서도 관리가 어려운 것이 뿌리라는 사실은 잘 알려져 있지요. 그런데 뿌리가 잘 뻗고 건강하게 숨을 쉬기 위해서는 흙이 가장 중요한 요소입니다. 가드닝의 기초를 이해하기 위해서 이번 장에서는 가드닝용 흙(토양)에 대해 알아보겠습니다.

좋은 토양의 조건은 다음 네 가지로 나눌 수 있습니다. 산소 투과율이 좋아야 하고(통기성), 물이 잘 빠져야 하며(배수성), 습도가 잘 유지되어야 합니다(보수성, 보습성). 그리고 영양소를 잘 흡수하고 보존(보비성)할 수 있어야 하지요.

코코피트

코코넛 섬유를 이용하여 만드는 인공 토양으로 일반 원예용 상토에 가장 높은 비율로 들어 있는 재료입니다. 코코넛 열매를 수확하여 코코넛 워터나 과육을 이용하고 남은 코코넛 열매의 내과피와 중과피 사이의 섬유질을 물에 불리고 말린 다음 곱게 갈아서 만든 것이 코코피트입니다. 코코피트는 사실 흙은 아니지만 무균 상태로 토양과 비슷한 성질을 가지고 있어 식물의 뿌리 발달 등에 긍정적인 영향을 주기 때문에 많이 활용되고 있습니다.

피트모스

피트모스는 대부분의 화분에 심는 토양이나 종자를 심을 때 중요한 구성 요소 중 하나입니다. 피트모스는 자기 무게의 몇 배나 되는 수분을 지닐 수 있으며(우수한 보수성), 식물에 물을 주면 쉽게 빠져나갈 수 있는 영양분을 잘 흡수하고 보유(우수한 보비성)합니다. 또한 약산성의 성질 때문에 약간의 살균작용을 해 가드닝에서 많이 활용되고 있습니다. 이러한 특성 때문에 새로운 유묘를 키울 때 피트모스 100%에 키워 출하되는 경우도 볼 수 있습니다. 하지만 일반 가드너가 가정에서 피트모스만으로 흙을 사용하면 과습이 오기도 하고, 시간이 지날수록 굳어지는 경우가 많아 관리의 어려움이 발생합니다. 그래서 피트모스는 삽목용이나 배합용으로 사용하는 경우가 많습니다.

피트모스는 이끼 및 다른 생물이 습지에서 분해될 때 형성되는 죽은 섬유질 덩어리입니다. 피트모스의 장점으로는 이미 습지에서 수천 년간 천천히 분해가 이루어졌기 때문에 이후 화분에서의 분해 속도는 굉장히 느리다는 것입니다(빨리 분해되면 가스가 발생하거나 토양 입자가 작아지면서 배수 등에 문제가 발생하기 때문에 분해 속도가 느린 것은 큰 장점).

가드너들은 토양 개량제 또는 화훼용 토양의 성분으로도 피트모스를 사용합니다. 피트모스는 산성을 띠고 있어 블루베리 같은 산성 식물에 이상적입니다. 알칼리성 토양을 좋아하는 식물(올리브 나무, 대부분의 허브, 제라늄 등)의 경우에는 피트모스를 많이 섞어주는 것보다 일반상토(거기에 고토 석회를 믹스한 배양토)가 더 나은 선택일 수 있습니다.

펄라이트

펄라이트(perlite)는 말 그대로 '진주(pearl)'와 광물을 의미하는 '라이트(-lite)'가 합쳐진 단어입니다. 펄라이트의 재료가 진주암이기 때문에

'펄'이라는 단어가 쓰였습니다. 진주암은 수분이 많은 화산암의 일종이며 이 암석을 900도 이상 고온에 노출시키면 안에 있는 수분이 팽창하여 수증기를 내뿜게 됩니다. 이 과정에서 진주암은 뻥튀기하듯 팽창됩니다. 그 결과 펄라이트는 원래 진주암의 13배 이상으로 부피가 증가하게 되어 매우 가벼운 소재가 됩니다.

펄라이트는 유기질이 아닌 무기질입니다. 따라서 썩거나 부패하지 않습니다. 시간이 지나도 형태가 유지되기 때문에 본래의 역할을 잘 수행할 수 있습니다. 또한 가벼운 소재로 수많은 틈과 구멍이 있습니다. 압력이 가해지면 부서지기 쉽지만 토양에 가해지는 정도의 가벼운 압력 하에서는 부서지지 않으며 부식이나 수축을 일으키지 않습니다. 또한 깨끗한 무균 상태입니다. 큰 화분의 경우 다른 소재를 사용하면 너무 무거워서 이동도 어려워지는데, 펄라이트를 섞어주면 물을 준 다음에도 화분이 가볍기 때문에 이동하는 데 힘이 덜 듭니다.

펄라이트는 다공질로 되어 있어 수분을 흡수하기는 하지만, 질석 등에 비해 훨씬 수분을 빠르게 배출합니다. 펄라이트 비율이 높아질수록 물이 빨리 마르고, 잘 배출되기 때문에 아이비 등 과습이 문제가 될 수 있는 식물의 경우에는 펄라이트의 비율을 높게 사용하면 좋습니다.

또한, 펄라이트는 토양 속 공기의 흐름을 좋게 해줍니다. 그래서 압축되거나 굳기 쉬운 토양제(피트모스 등)에 섞어서 사용하면 좋은 효과를 볼 수 있습니다. 공기의 흐름이 좋다는 것은 뿌리에 산소 공급이 원활하다는 뜻이므로, 뿌리가 왕성하게 발달하는 데 큰 도움을 주게 됩니다.

제올라이트

제올라이트는 규소(Si), 알루미늄(Al)의 산화물입니다. 천연에서는 화산 폭발이 일어나면서 해수와 만나 생성되거나 염도가 높은 호수나 심해에서 화학적 퇴적작용에 의하여 생성되는 경우, 염기성 화산암류의 분출과정에서 최후기에 화산암 내의 공극을 충진하는 양상으로 생성된 경우 등 주로 강한 지각변동으로 인해 생성되는 물질입니다.

제올라이트의 이름은 이 광물을 가열하면 수증기가 발생해 마치 끓는 것 같은 모습을 보인다고 하여, 그리스 어원의 '끓는 돌(zein lithos)'에서 'zeolite'라고 부르기 시작했습니다. 제올라이트는 규칙적인 구조로 구성된 미세한 구멍을 지닌 미소공 광석이기 때문에 여러 장점을 가지고 있습니다. 먼저 배수성이 매우 좋습니다. 밭에 제올라이트를 뿌려주면 새벽이슬을 빨아들여 흙을 촉촉하게 해줍니다. 같은 원리로 보비력도 높아서 비료분의 효과적인 보관에도 좋습니다. 또 미세한 구멍이 가스를 빨아들이는 역할을 하기 때문에 뿌리에 유해한 가스가 발생했을 때 이를 흡수합니다.

질석(버미라이트)

질석 역시 펄라이트처럼 운모류 광물을 고온에서 팽창시킨 광물질입니다. 팽창 과정에서 주름이 져서 구불거리는 모습이 마치 지렁이처럼 보인다고 하여 지렁이를 뜻하는 라틴어 'vermiculared(영어명 vermiculite)'에서 따왔습니다. 질석은 펄라이트와 비슷하게 만들어지지만, 둘은 성질이 다릅니다. 서로 보완이 되기 때문에 일반상토에 함께 들어갑니다. 펄라이트가 물을 뱉어내는 성질이 강하다면 반대로 질석은 물을 흡수하는 보수성이 매우 좋습니다. 대신 쉽게 바스러지기 때문에 질석이 많이 들어가면 시간이 지나면서 바스러진 작은 질석 입자가 화분 내 공극을 매워서 통기성이 불량해지는 단점이 있습니다. 따라서 질석도 가급적이면 대립 질석을 사용하는 것이 좋고 가루로 된 질석을 많이 섞으면 배수 불량, 통기 불량이 되어 뿌리에 과습이 올 수 있다는 점을 기억해야 합니다.

질석은 삽목용으로도 많이 사용되는데 보수성이 좋기 때문에 질석 삽목도 좋은 삽목 방법 중 하나가 될 수 있습니다.

마사토

마사토는 화강암이 많은 우리나라에서 흔하게 볼 수 있는 흙입니다. 화강암이 풍화작용에 의해 고운 흙으로 변해가는 과정 중에 발생하는 중간 형태의 흙이라고 할 수 있습니다. 그래서 사이즈 역시 풍화작용의 정도에 따라 다양합니다. 아주 큰 대립에서부터 거의 흙과 같은 미립까지 다양하게 존재합니다. 마사토는 일반적으로 입자의 굵기가 있어 공극을 많이 만들기 때문에 통풍이 잘됩니다. 또 물을 거의 흡수하지 않아 배수성도 뛰어납니다.

다만 돌이 풍화작용을 통해 흙으로 변하는 과정의 흙이라 무게가 상당히 무겁습니다. 따라서 큰 화분에 마사토만으로 식물을 심는다면 무게가 엄청나게 늘어납니다. 또한 시간이 지나면 입자가 작아지는 과정에 진흙과 같은 미세입자가 발생하기 때문에 오랜 시간 분갈이를 하지 않으면 화분 구멍이 진흙으로 막힐 수 있습니다.

그렇기 때문에 사용 시에는 반드시 물에 씻어서 묻어 있는 진흙을 제거한 뒤 사용하는 것이 좋습니다. 집에서 마사토를 씻으면 진흙이 상당히 많이 나오므로 양파망에 마사토를 담아 세차장의 세차건을 이용해 씻으면 좋습니다.

녹소토

일본 기누마현에 있는 화산석을 가공한 흙으로 약산성에 보수성과 통기성이 좋은 흙입니다. 배수제로도 많이 사용되고 있으며 소립은 삽목용으로도 많이 활용됩니다. 야생화를 기르는 가드너들은 녹소토를 많이 이용하는 편입니다. 약산성의 산도, 뛰어난 배수성, 물에 젖었을 때와 말랐을 때 명확한 색상 차이 등은 녹소토의 장점입니다. 일반상토에 녹소토를 배합해주면 배수가 잘되는데, 이때는 중립 이상의 녹소토를 활용하는 것이 좋습니다. 녹소토는 손으로 눌렀을 때 부서지는 정도의 강도를 가지고 있기 때문에 오랜 시간 사용하면 조금씩 입자가 줄어들고 미세한 분진이 생길 수 있습니다. 부서지는 성질 때문에 구입 시에도 상당히 분진이 많이 섞여 있어 사용 전 물로 세척하여 사용하면 좋습니다.

적옥토

적옥토는 화산 성분의 흙을 동그랗게 성형하여 열에 구워 만드는 흙입니다. 야생화나 분재를 기르는 가드너들에게는 가장 중요한 흙 중 하나이며, 적옥토를 적절하게 활용하면 가드닝 스킬도 업그레이드됩니다.

일단 적옥토는 사이즈별로 만들어지기 때문에 원하는 입자를 선택할 수 있는데, 이 입자의 선택에 따라서 공극의 사이즈를 다르게 할 수 있어 통기성을 달리할 수 있습니다. 적옥토는 통기성과 더불어 진흙이 뭉

쳐져 만들어진 흙이기 때문에 보수성도 좋아서 뿌리의 과습은 피하면서 건조도 줄일 수 있는 장점이 있습니다.

다만 흙의 특징상 시간이 지나면 점점 바스라지면서 진흙으로 변하기 때문에(경질 적옥토는 입자가 오래 유지되지만 일반 적옥토는 더 쉽게 부서진다), 적옥토를 100%로 사용할 시에는 적절한 시기가 되면 분갈이를 해주어야 뿌리가 건강하게 유지될 수 있습니다.

동생사

동생사는 일본의 마사토라고 할 수 있습니다. 적옥토나 녹소토에 비해 보수성과 보비성은 떨어지나 배수성이 훨씬 우수합니다. 용토 자체가 단단하고 잘 깨지지 않는 특성이 있고, 물을 주었을 때 흡수하지 않고 뱉어내기 때문에 보통은 배수가 더 잘돼야 하는 경우 동생사를 일부 배합해서 사용하고 있습니다. 동생사 역시 약산성의 토양입니다.

산야초

산야초는 보통 난석이라고 부르는 휴가토, 녹소토, 제올라이트, 경석 등을 미리 혼합한 흙입니다. 최근 나오는 다른 배합 난석들도 비슷한 배합을 가지고 있기 때문에 굳이 산야초만을 고집할 필요는 없습니다.

배수제로 녹소토, 적옥토, 동생사, 산야초 사용하기

녹소토, 적옥토, 동생사를 통기성, 보비성, 보습성을 개선하기 위해 일반상토에 각각 10% 정도씩 배합을 해주는 경우가 있습니다. 모든 재료가 없다면 녹소토나 동생사 중 한 가지 재료를 배수제로 하여 30% 정도 섞어서 사용할 수도 있습니다. 이렇게 알갱이 흙을 일반상토에 추가 해주면 식물의 뿌리를 더 건강하게 만들 수 있습니다. 만약 각각을 구입하기 귀찮다면 이런 재료가 이미 다 섞여 있는 산야초나 배합 난석을 구입하여 배수제로 사용할 수도 있습니다.

Gloster's
Home Gardening Story

Q&A

Q. 일반 원예용 상토만으로는 식물을 키우는 것이 부족한가요?
A. 아닙니다. 오래되지 않고 신선하기만 하다면 일반 원예용 상토만으로도 많은 식물들을 훌륭하게 키워낼 수 있습니다. 원예용 상토에는 코코피트, 피트모스, 펄라이트, 질석, 제올라이트 등이 이미 좋은 비율로 배합되어 있습니다. 마치 흙 배합의 황금 비율이 있는 것처럼 생각하기도 하는데, 그런 것은 없습니다. 배합의 흙도 화분의 종류, 가드닝 환경 등에 따라 좋을 수도 있고 나쁠 수도 있기 때문입니다.

다만 식물의 종류에 따라 적합한 흙의 성질이 있기 때문에 이러한 특성을 이해해서 배합을 다르게 해주는 것은 좋습니다. 또 가드너마다 식물 키우는 방식에 따라 흙의 배합을 바꿔줄 수 있습니다. 예를 들어 물주기를 좋아하는 가드너라면 배수가 잘되는 흙 배합에 식물을 심고 물을 자주 줄 수 있습니다.

POINT IT!

과습을 피하는 법
일반적인 관엽식물의 경우, 과습이 치명적인 경우가 많기 때문에 배수제를 조금 더 섞어서 분갈이를 해주는 것이 좋습니다. 특히 물을 자주 주는 습관이 있다면 배수제를 과감하게 섞어보는 것도 과습을 피하고 식물을 건강하게 만드는 방법 중 하나입니다. 뿌리가 흙 속에 잠겨 있다고 생각하기 쉽지만, 실제로는 뿌리도 숨을 쉬고 있습니다. 그렇기 때문에 흙 속에서의 공기 흐름이 좋아야 뿌리가 건강하게 성장합니다. 그래서 흙 속의 공극을 적절하게 만들어주는 방법을 흙의 배합과 물주기 등을 통해 배우고 실천해야 하는 것입니다.

Gloster's Home Gardening Story
물주기, 세 가지만 확인하면 된다

물주기를 잘하려면 눈으로 확인하고, 무게를 들어보고, 직접 만져보고 물주기 시기를 판단해야한다. '일주일에 한 번'과 같은 일률적인 기준으로 물주기를 해서는 안 된다.

식물 초보의 물주기 실수

"시집살이는 벙어리 3년, 귀머거리 3년, 장님 3년"이라는 옛말을 패러디해서 "가드닝은 물주기 3년"이라는 말이 있습니다. 그만큼 물주기가 어렵다는 뜻이겠지요. 이번 장에서는 물주기에 대해 다양한 각도에서 살펴보려고 합니다.

이른바 '식린이(식물 어린이)'들은 식물을 구입하며 들은 이야기나 꽂혀 있는 네임택에 적힌 물주는 주기를 맹신하는 경향이 있습니다. '일주일에 한 번' '일주일에 두 번'이라고 적혀 있는 식물을 소중하게 집으로 들고 와서 너무나 사랑하는 마음에 물주는 걸 절대 잊지 않으려 알람까지 설정해서 물을 주기도 합니다. 그런데 이렇게 따박따박 물을 줬음에도 불구하고 식물이 점점 생기를 잃기도 하고, 심지어 잎이 시들거려서 물 부족으로 판단하고 물을 주었는데 회복되지 못하고 죽는 경우도 생깁니다. 이런 상황이 반복되면 물주는 것이 너무나 어렵게 느껴지게 됩니다. 왜 이런 일이 생기는 걸까요? 식물을 사람에 비유해서 생각해보면 이해가 쉽습니다. 우리가 밥을 먹을 때 정해진 시간에 세 끼를 먹기도 하지만, 입맛이 없으면 건너뛰기도 하고, 활동을 많이 하면 배가 고파서 더 많이 먹거나 한 끼를 더 먹기도 합니다. 또 날씨에 따라서 밥맛이 더 좋기도 하고 나쁘기도 하지요. 키가 크고 몸무게가 많이 나가는 사람과 아닌 사람의 식사량은 차이가 날 수밖에 없습니다. 식물도 마찬가지입니다. 식물의 종류, 컨디션, 주변 환경, 성장기인지 휴지기인지 등의 요소에 따라서 물을 얼마나 필요로 하는지도 다릅니다.

그럼 이제부터 물주기를 잘하기 위한 세 가지 방법을 알아보도록 하겠습니다.

1. 눈으로 확인한다

화분 위의 흙을 눈으로 확인하자

"겉흙이 마르면 물을 주세요"라는 말을 들어봤을 것입니다. 그런데 문제는 담긴 흙에 따라 겉흙이 말랐을 때 속흙이 마르는 정도가 달라질 수 있다는 것입니다. 그래서 겉흙에서 2cm까지 말랐을 때 물을 주라는 등의 더 디테일한 가이드가 있기도 합니다. 하지만 화분의 형태가 다르면 그 역시 또 달라질 수 있습니다. 그렇다면 어떻게 해야 할까요? 일단 건조에 민감한 식물을 제외하고는 배수가 잘되는 흙을 사용해주는 것이 좋습니다. 배수가 잘되는 흙은 겉흙이 말랐을 때 속흙까지 마르는 비율이 더 높기 때문에 과습 우려가 적어지기 때문입니다. 배수가 잘되는 흙을 쓰면 물주기 노예가 된다고 말하기도 하는데, 과습으로 죽는 식물이 건조로 죽는 식물보다 훨씬 많기 때문에 안전하게 키우려면 배수가 잘되는 흙을 사용하는 것이 좋습니다.

배수가 잘되는 흙에 식물을 심고, 유약을 바르지 않은 토분과 같이 물 배출이 잘되는 화분을 사용한다면 과습에서 더 안전할 수 있습니다. 이런 경우 겉흙의 마르는 정도만 살펴보아도 충분합니다.

식물의 잎을 눈으로 확인하자

식물의 잎은 수분이 없으면 비틀어지거나 시들거리는 모습을 보이게 됩니다. 물론 과습으로 인해 뿌리가 상하고, 상한 뿌리로 인해서 물을 흡수하지 못하는 경우도 잎이 시들해지기 때문에, 흙의 상태와 함께 살펴봐야 합니다. 잎이 시들거린다고 해서 물을 무작정 주었다가 아예 식물을 죽이는 경우가 그 예입니다.

화분의 내부를 눈으로 확인하자

물 배출을 빠르게 하는 토분의 경우에는 흙 속 수분량에 따라 화분의 색이 달라지기도 합니다. 플라스틱 화분이나 유약분은 그렇지 않지만, 토분은 초벌구이 후 바로 사용하기 때문에 미세한 기공을 통해서 물 배출이 잘되는 특성이 있다 보니 이런 색 변화가 있습니다.

최근에 많이 사용되고 있는 투명 슬릿분의 경우, 화분 속의 흙이 말랐는지 젖었는지가 잘 보이기 때문에 물주기에 편리합니다. 또 얼마나 물을 주어야 흙이 다 젖는지 확인할 수도 있기 때문에 식물을 처음 키우는 사람들이 물주기 훈련을 하기에 매우 유용합니다.

2. 화분을 들어보아 무게를 가늠한다

겉흙은 말랐는데 실제로는 수분이 남아 있는 경우가 있기 때문에, 처음 분갈이를 하고 물을 흠뻑 주었을 때 손으로 화분을 들어서 무게를 확인해보는 것이 좋습니다. 이후에는 물을 줄 때마다 눈으로 확인하고 또 손으로 화분의 무게감을 느껴보면서 전체적으로 흙의 수분 상태를 짐작해보는 훈련을 하면 나중에는 눈만으로도 어느 정도 물주기 타이밍을 알 수 있게 됩니다.

3. 손으로 만져서 흙의 수분을 확인한다

흙을 손으로 만져보면서 습도가 느껴지는지 확인하는 것도 중요합니다. 눈으로만 볼 때는 건조하게 보여도 막상 손으로 만졌을 때 습도가 느껴지는 경우가 꽤 있습니다. 특히 과습에 취약한 식물의 경우에는 손으로 흙을 만져보는 습관을 들이면 과습을 피할 수 있습니다. 가장 좋은 흙의 상태는 손으로 만져보았을 때 너무 바짝 마르지 않고 살짝 습도가 느껴지는 상태입니다. 다만 현실적으로 항상 이런 상태를 유지할 수 없기 때문에 일시적으로 젖은 흙에서 점차 수분이 줄어드는 상태를 반복시켜주되, 평균적으로는 촉촉하지만 너무 젖어 있지 않은 흙의 수분 정도를 유지해줍니다. 이 세 가지 방법 외에 물주기에서 감안해야 하는 점은 아래와 같습니다.

식물 종류에 따라 흙의 보수성을 조절해주자

식물의 잎이 크고 넓은 경우 증산작용이 빠르기 때문에 물 소비가 많습니다. 이때는 화분의 흙에 피트모스와 같이 보수성을 높여주는 재료를 더 배합해주면 다른 식물들과 물주기 텀을 비슷하게 맞춰갈 수 있습니다. 침엽수의 경우에는 여름철 물을 엄청나게 소비하는 식물이 많기 때문에 배수가 잘되는 흙을 사용하면 물주기 노예가 될 수 있습니다. 그래서 가급적이면 물을 오래 보관할 수 있는 흙 배합을 사용하는 것이 좋습니다. 또한 여름철 침엽수는 저면관수를 통해 물을 충분히 흡수할 수 있도록 해야 합니다.

잎이 통통한 식물은 일반적으로 물 보관을 잘하기 때문에 물주기 텀을 길게 가지고 가는 경우가 많습니다. 다육식물이나 선인장이 극단적으로 물주기를 조심해야 하는 식물인데 페페 종류처럼 후육질의 두터운 잎을 가진 식물은 건조에 강하고 과습에 취약한 편입니다. 반대로 트리안, 퍼플프린스와 같은 잎이 얇은 식물은 자칫 물을 한 번만 굶겨도 무지개 다리를 건너기도 합니다. 그렇기 때문에 늘 물주기를 신경써야 합니다.

계절적 / 시간적 요인을 감안하여 물주는 시기를 파악하자

일반적인 식물들은 봄부터 물 소비가 많아지다가 다시 가을이 되면서 줄어드는 경향이 있습니다. 식물의 성장이 빨라지면 물 소비도 늘어난다는 점을 기억하면 됩니다. 특히 겨울철 동면을 시키거나 여름철 하면을 하는 식물은 휴지기에 물주기를 잘못하면 죽을 수도 있기 때문에 조심해야 합니다.

또한, 하루 중 물주는 시기는 일반적으로는 아침이 좋습니다. 아침에 물을 주면 식물이 하루 종일 광합성과 증산작용을 하며 물을 소비하기 때문입니다.

Gloster's
Home Gardening Story

Q&A

Q. 과습으로 인해 뿌리가 상한 경우 응급조치는 어떻게 해야 할까요?
A. 흙에 수분이 충분한데도 잎이 시들거린다면 과습으로 인해 뿌리가 상한 경우라고 보아야 하고, 이 경우에는 바로 화분 속에서 식물을 빼 상한 뿌리를 제거해주고 남은 뿌리에 맞는 사이즈의 화분에 다시 심어줘야 합니다. 이때 중요한 것은 식물의 잎도 남은 뿌리의 정도에 맞춰서 제거해야 합니다. 뿌리가 상했는데, 잎이 무성하면 잎에서 많은 수분이 증산작용으로 빠져나가면서 결국 남은 뿌리도 과로로 죽게 됩니다. 뿌리가 적게 남았다면 잎도 제거해서 T/R* 비율을 맞춰주는 것이 중요합니다.

*T/R(Top/Root) 비율
상층부와 뿌리의 비율을 T/R 비율이라고 하는데, T는 상층부(Top), R은 뿌리(Root)를 의미합니다. 이 비율이 비슷해야 식물이 잘 성장합니다. 이것이 한쪽에 치우치면 건강하게 성장하기가 어렵습니다. 그래서 분갈이할 때 뿌리를 잘라냈다면 그만큼 가지도 잘라줘야 합니다. 왜냐하면 뿌리가 상층부에 비해 더 발달한 경우보다 상층부에 비해 뿌리가 적은 경우에는 치명적일 수 있기 때문입니다.

Q. 실수로 물을 너무 많이 준 것 같아요. 어떻게 해야 할까요?
A. 화분 속의 물을 빠르게 빼주어야 합니다. 신문지를 두껍게 깔고 그 위에 화분을 올려두면 신문지가 물을 빨아먹기 때문에 빨리 빠져나가게 됩니다. 또한 식물의 증산작용을 활발하게 만들어주면 좋은데, 이를 위해 환기를 시키고 빛을 주는 것이 좋습니다.

POINT IT!
물주기를 위한 팁

물을 줄 때 가급적이면 물구멍으로 물이 빠져나올 때까지 흠뻑 주는 것이 좋습니다. 그 이유는 흙 속의 가스가 빠져나가고 신선한 공기가 들어가게 해주는 역할을 할 뿐 아니라 염분 등의 염류가 화분 밖으로 배출되는 데 도움이 되기 때문입니다. 간혹 썩지 않는 흙과 화분 구멍이 없는 화분을 이용해서 식물을 키우는 경우가 있습니다. 이때는 아래에 배수층을 충분히 만들어주고 분갈이도 1년에 한 번 정도는 해줘서 염류 축적으로 인한 피해가 없도록 해주어야 합니다.

겨울철 물주기에서 가장 중요한 것은 온도입니다. 차가운 물을 바로 식물에게 주면 식물이 스트레스를 많이 받습니다. 가능하면 페트병이나 바스켓에 물을 받아서 실온에 하루 정도 보관한 다음 물을 주면 실온에 가까운 물을 주기 때문에 식물이 받는 스트레스를 줄일 수 있습니다.

수돗물이 직수로 공급이 되는 집이라면 물을 받았다가 물을 주면 좋습니다. 하지만 옥상 등에 있는 물탱크에 수돗물이 보관이 되었다가 집으로 공급되는 경우에는 염소에 의한 피해는 없는 편입니다. 다만 물탱크에서 물을 공급받는다고 해도 물탱크 청소 직후, 장마철에는 물에 염소기 있을 수 있으므로 조심하는 것이 좋습니다.

Gloster's Home Gardening Story
열대 관엽식물과의 동거, 습도가 관건이다

공변세포

기공

엽록체

기공을 통해 이산화탄소(광합성작용)와 수증기 배출(증산작용)

식물은 습도가 적절해야 이산화탄소를 배출한다.

열대 관엽식물의 습도는 60% 이상 유지하면 좋다.

잎이 넓고 잎의 수가 많은 식물이 있어야 습도가 높아진다.

뿌리에서 물을 흡수 (삼투현상)

하이드로볼을 깔면 습도 유지에 도움이 된다.

적절한 습도가 필요한 이유

열대식물이 사는 지역은 대부분 온도와 습도가 높습니다. 이런 열대식물을 사계절이 뚜렷한 우리나라에서 키우는 것은 사실 쉽지 않습니다. 가장 큰 걸림돌은 온도입니다. 짧은 시간이라고 할지라도 겨울의 추위에 노출되면 열대식물은 냉해를 입고 죽거나 다시 회복하는 데 긴 시간이 걸립니다. 다행히 열대식물을 키우는 많은 가드너들이 상식적으로 열대식물은 따뜻하게 키워야 한다는 이해를 하고 있기 때문에 겨울철에는 대부분 따뜻한 온도를 유지할 수 있는 공간에서 월동을 시킵니다. 그런데 초보 식물집사들이 생각하지 못하는 부분이 습도입니다. 이번 장에서는 식물과 습도에 대한 기본적인 내용과 함께 적절한 습도를 유지할 수 있는 방법에 대해 알아보도록 하겠습니다.

식물과 습도에 대한 기본정보

물이 순환하는 증산작용

식물이 뿌리를 통해 흡수한 물을 식물 잎의 기공을 통해 대기로 내보내는 과정을 말합니다. 증산작용은 식물체 내의 물질의 흐름을 생기게 할 뿐만 아니라, 뿌리로부터 계속 물을 흡수할 수 있게 도와주며, 증산이 일어날 때 많은 열을 빼앗으므로 식물체의 체온 상승을 방지하기도 합니다.

산소와 물이 빠져나가는 통로, 기공

잎의 뒷면과 어린줄기의 표피에 있고, 현미경으로만 볼 수 있는 입술

모양의 작은 구멍입니다. 기공은 공변세포에 의해 생성된 구멍인데, 물 손실의 주요 통로입니다. 공변세포는 두 세포 사이의 간격을 넓히거나 줄이는 형태 변형으로 기공의 지름을 조절합니다. 뿌리에서 올라온 물이 잎에서 수증기 상태로 기공을 통해 밖으로 빠져나가고, 광합성에 필요한 이산화탄소가 기공을 통해 식물체 내로 들어오고, 광합성의 결과 만들어진 산소가 기공을 통해 빠져나갑니다.

온도와 상대습도

주어진 온도와 압력에서의 포화 수증기 함량에 대한 실제 수증기 함량의 비율을 백분율(%)로 표시한 것을 말합니다. 대기 온도는 상대습도(RH)를 측정할 때 중요합니다. 상대습도라는 것이 본질적으로 온도와 관련이 있고, 현재 온도에서 포화 상태를 기준으로 표시되기 때문입니다. 예를 들어 베란다의 온도가 상승하면 상대습도가 떨어집니다. 습도 50%에 온도가 20°C인 환경에서 온도만 21°C로 1도 상승하면 공기 중 수증기는 동일하더라도 상대습도는 약 3% 떨어집니다. 그래서 온도계와 습도계는 함께 확인해야 합니다.

식물의 숨쉬기, 광합성작용

습도 수준에 따라 식물이 어떻게 반응하는지 이해하려면 광합성작용을 이해해야 합니다. 모든 식물은 이산화탄소를 기공이라고 하는 잎 뒷면의 작은 구멍을 통해 흡수합니다. 식물들은 광합성을 할 때 이산화탄소를 사용합니다. 식물은 기공을 열거나 닫아서 이산화탄소 흡수를 조절하고, 기공을 열 때 잎의 수분도 함께 빠져나올 수 있습니다.

습도 조절이 중요한 이유

사막에서 자라는 식물을 제외하고 일반적으로 가정에서 키우는 관엽식물은 실내 습도가 낮으면(건조한 경우) 더 높은 습도 환경에서보다 훨씬 빠르게 수분을 빼앗깁니다. 이런 일이 생기면 잎이 시들해지게 됩니다. 따라서 식물은 건조한 시간 동안 기공을 닫아서 빼앗기는 수분의 양을 줄이려 노력합니다. 그러나 안타깝게도 기공을 닫으면 물 손실을 막는 데는 효과적이지만 이산화탄소의 흡수도 줄어들게 됩니다. 이산화탄소가 충분히 공급되지 않으면 광합성작용을 하지 못해 에너지를 생성하지 못하므로 세포가 죽기 시작합니다. 결국 습도의 문제가 해결되지 않는다면 식물은 좋지 않은 상태가 될 가능성이 높습니다.

여기서 기억해야 할 점은 공기가 건조할 때는, 식물이 기공을 닫아서 수분의 배출을 줄이려고 하지만 실제로 잎에서 배출되는 수분의 양이 증가하여 뿌리가 잎으로 전달하는 수분의 양보다 많다는 것입니다. 따라서 건조한 조건에서 식물에 얼마만큼 물을 주어야 하는지는 중요하지 않습니다. 아무리 많은 물을 준다고 해도 증발하는 물의 양이 뿌리가 빨아들일 수 있는 물의 양보다 많기 때문입니다.

식물은 성장 단계에서 알맞은 습도에 놓일 때 기공이 완전히 열리며, 잎에서 적당한 수준의 수분을 배출합니다. 또한 광합성에 필요한 신선한 이산화탄소를 공급받아 성장하고 번식하게 됩니다. 알맞은 습도 유지가 중요한 이유입니다.

습도를 높이는 방법

식물의 수가 많아져야 습도가 높아진다

식물 키우기의 장점은 공기정화 기능뿐만 아니라 가습 기능도 많이 언급됩니다. 그만큼 증산작용에 의해 식물들이 내뿜는 수증기로 습도가 높아질 수 있다는 인식이 있다고 볼 수 있습니다. 하지만 넓은 공간에 덩그러니 화분 하나만 둔다고 해서 습도가 높아지지는 않습니다. 화분의 수가 많아져야 습도도 이와 비례하여 높아지게 됩니다. 따라서 베란다의 습도를 높이기 위해서는 식물의 수가 많은 것이 유리합니다.

잎이 넓고 잎의 수가 많은 식물이 있어야 습도가 높아진다

스투키, 산세베리아 등 다육식물이나 선인장과 같이 거의 물을 주지도 않고 증산작용도 많지 않은 식물은 많이 키운다고 해도 습도가 높아지지 않습니다. 잎이 넓고 잎의 수가 많으면서 증산작용을 활발하게 하는 열대 관엽식물들이 많다면 습도가 빠르게 높아질 수 있습니다.

외기보다는 실내 통풍

습도가 높은 여름철을 제외하고는 바깥 공기와의 통풍은 습도를 떨어트립니다. 이와 반대로 실내에서의 통풍은 앞서 언급한 것과 같이 식물들의 증산작용을 원활하게 만들기 때문에 습도를 올립니다.

물받침과 하이드로볼을 이용하자

화분 밑에 물받침이나 트레이를 활용하면 물을 주고 난 다음 물기가 남아서 습도를 높이는 데 큰 역할을 할 수 있습니다. 또 앞서 잠깐 언급한 것과 같이 트레이에 황토볼, 다육이볼 등의 하이드로볼을 깔아주면 수분을 흡수했다가 천천히 다시 배출하면서 공기 중의 습도를 지속적으로 높게 유지하는 데 큰 도움을 줍니다.

난방과 가습기는 세트상품이다

같은 수분이 공기 중에 있어도 온도가 높아지면 상대습도가 낮아지고 온도가 낮아지면 상대습도는 높아집니다. 난방을 하게 되면 온도가 높아지므로 습도는 자연스럽게 낮아지게 됩니다. 따라서 난방을 하게 되면 가습기를 같이 사용해서 실내의 습도를 올려주는 것이 좋습니다.

Gloster's
Home Gardening Story

Q&A
Q. 식물의 상황에 맞는 적정 습도가 있나요?
A. 일반적으로 식물이 좋아하는 습도는 60~70%입니다. 배출하는 수분과 보충하는 수분이 적절하게 균형이 맞아떨어지는 습도 레벨이라고 할 수 있습니다. 꽃이 필 때 적정 습도는 약 40~50%입니다. 꽃에 병원균이나 바이러스의 발생이 억제되는 습도 레벨로 알려져 있습니다.
삽목할 때 적정 습도는 약 90% 정도입니다. 잎에서의 증산작용을 억제하여 식물이 고사하지 않도록 하는 습도 레벨입니다. 삽목용 식물은 이때 모든 에너지를 뿌리를 만드는 데 사용합니다. 씨앗이 발아할 때 적정 습도는 60%입니다. 습도가 너무 높아도 씨앗이 썩고, 너무 낮으면 발아가 되지 않습니다.

POINT IT!
가습기 잘 활용하는 법
습도를 높이기 위해 사용하는 가습기는 가열식, 초음파식 모두 가능하지만, 가열식의 경우 뜨거운 습기가 식물에 바로 쏘이지 않도록 하는 것이 중요합니다. 초음파식도 습기가 골고루 퍼져나갈 수 있게 습기가 위에서 뿜어져 나오는 스타일을 사용하거나 서큘레이터 등을 활용하는 것이 좋으며 잎에 물방울이 맺히지 않게 하는 것이 좋습니다.

Gloster's Home Gardening Story
환기가 중요하다

실링팬
전체적인 공기 흐름을 만들어줘 매우 효과적이다.

서큘레이터
선풍기보다 바람을 집중해서 멀리 보낼 수 있다.

DC팬
온실이나 선반의 공기 정체를 해소하는 데 유용하다.

선풍기
서큘레이터가 없다면 선풍기로 대체해도 좋다.

놓치기 쉬운 환기

실내에서 식물 키우기가 어려운 것은 자연에서 존재하는 여러 요소가 부족하기 때문입니다. 가장 결핍되기 쉬운 것은 빛입니다. 하지만 빛이 부족하면 쉽게 알 수 있기 때문에, 식물등을 달거나 빛이 잘 들어오는 창가에 식물을 놓아두는 것으로 해결할 수 있습니다.

하지만 처음 가드닝을 시작하게 되면 환기가 중요하다는 점을 깨닫지 못하는 경우가 많습니다. 환기가 원활해야 증산작용을 잘해서 에너지의 흡수도 잘하고, 병해충도 잘 생기지 않아 식물이 건강해집니다. 통풍이 잘되지 않으면 곰팡이가 생기고 블랙스팟이 발생하기도 합니다. 바람이 불면서 식물의 잎과 줄기를 흔들면 식물의 조직은 더 강해지고 유연해집니다.

증산작용을 돕는 환기

식물의 잎에서 대기로 물이 빠져나가는 것을 증산작용이라고 합니다. 이런 증산작용에서 공기의 흐름은 매우 중요합니다. 만약 잎 주변의 공기가 움직이지 않고 한 자리에 정체되어 있으면 포화되거나 부분적으로 포화된 공기층이 잎 주위를 둘러쌓게 됩니다. 공기가 약간만 이동을 해도 실제로는 잎을 둘러싸고 있던 포화된 공기를 이동시키기 때문에 표면의 열을 식히는 데 도움이 될 뿐 아니라 원활한 증산작용을 도와줍니다. 증산작용은 식물의 대사를 원활하게 해주기 때문에 매우 중요합니다. 또한 증산작용을 통해 흙에 있는 물을 소비하게 되므로 과습으로 인한 문제도 줄일 수 있습니다. 증산작용이 일어나면 습도도 자연스럽게 올라가기 때문에 습도가 부족한 시기에 습도를 높이는 자연스러운 방법입니다.

뿐만 아니라 전체적으로 실내에서 온도를 균일하게 만들어주기 때문에 겨울철 열효율이나 여름철 에어컨을 가동했을 때 생기는 온도차를 줄여주거나 냉해를 방지할 수 있다는 장점도 있습니다. 또한 환기가 잘되지 않을 경우 응애, 흰솜깍지 등의 병해충가 발생할 수 있습니다.

> **물을 이동시키는 삼투현상**
>
> ☞ 증산작용을 통해 식물은 체내의 물을 이동시키고, 물의 이동은 더 많은 물 분자가 식물의 정맥과 줄기 및 뿌리를 통해 움직이게 한다. 이러한 물 이동은 뿌리 압력을 발생시켜 식물이 물을 빨아들일 수 있다. 이 과정을 삼투(osmosis)라고 한다.

바깥 공기로 환기하는 것 위험할 수 있다

첫 번째, 겨울철을 제외하고는 베란다 문을 열어 외기 통풍을 해줄 수 있습니다. 그런데 바깥 공기는 한여름이나 장마철, 또는 비가 오는 날과 같이 습도가 높은 날을 빼면 오히려 실내 습도를 떨어뜨릴 수 있습니다. 실내에서 충분히 통풍이 이뤄지고 있다면 바깥 공기와의 환기는 필수가 아닙니다. 오히려 추위가 강하거나 바람이 강할 때는 잎에 데미지를 입거나 화분이 쓰러질 수도 있기 때문에 조심하는 것이 좋습니다.

실내 공기로 환기하는 법

실내가드닝을 할 때 실내에서 환기는 식물 성장과 과습 방지 등에 매우 중요합니다. 다양한 방법으로 실내 환기하는 법을 알아보겠습니다.

실링팬

거실 중앙에 실링팬을 설치하면 전체적인 공기의 흐름을 만들어줄 수 있기 때문에 매우 효과적입니다. 다만 공사의 규모가 크기 때문에 인테리어를 새로 하는 경우를 제외하고는 설치가 쉽지 않다는 것이 단점입니다.

서큘레이터

서큘레이터는 선풍기보다 바람을 집중해서 멀리 보내는 기능이 있어 잘 활용하면 효과적으로 환기할 수 있습니다. 식물이 바람을 계속 맞게 하는 것보다 서큘레이터를 회전하게 해서 간헐적으로 맞게 해주는 것이 더 좋습니다. 서큘레이터 역시 기계식을 구입하면 타이머와 연결하여 사용할 수 있기 때문에 서큘레이터 모터의 과열을 막을 수 있습니다(전자식 서큘레이터의 경우에는 한 번 꺼지면 타이머가 켜진다고 해도 다시 켜지지 않는다). 회전이 되는 기계식 서큘레이터는 가격도 낮은 편이기 때문에 가성비 면에서도 뛰어난 편입니다.

DC팬

작은 DC팬의 경우 '이케아' 밀스보 온실과 같은 온실 내 공기 순환을 위해 사용되는 경우가 많습니다. 하지만 최근에는 선반의 공기 정체를 해소시키기 위해 DC팬을 사용하기도 합니다. '플랜터스'와 같은 브랜드에서는 식물등의 전원을 그대로 활용해서 사용할 수 있는 DC팬도 나와 있어 활용이 더 쉬워졌습니다.

Gloster's
Home Gardening Story

Q&A

Q. 환기를 시킬 때 식물에게 바람이 바로 가는 것은 안 좋은가요?
A. 식물에게 바람이 바로 가도 상관은 없습니다. 다만 바람이 한 방향으로 하나의 식물에게 집중되거나 강한 바람이 지속되면 식물에게 스트레스가 될 수 있으므로 방향을 회전시켜주거나 천장을 향해 바람을 보내 간접적으로 환기하는 것이 좋습니다. 환기시킬 때 바람은 직접적인 것보다 간접적인 것, 강한 것보다 부드러운 것, 환기 시간은 짧은 것보다 긴 것이 좋으며 바람의 방향은 다양한 방향으로 뻗어나가는 것이 좋습니다.

Q. 환기를 계속해줄 수 없다면 언제 하는 것이 가장 효과적인가요?
하루 종일 환기가 불가능하다면, 가장 좋은 시간은 물을 주고난 직후입니다. 물을 주고난 다음 환기를 해주면 증산작용을 자극해서 화분 속 물을 끌어올리기 때문에 과습을 방지합니다. 최소한 하루 2~3번, 한 번에 30분 정도는 선풍기나 서큘레이터로 실내환기를 시켜주는 것이 좋습니다.

POINT IT!
장마철 과습 관리
장마철 환기는 과습 방지하기 위해 중요합니다. 장마철에는 제한적으로 조금씩 물을 주고, 공중습도가 이미 높기 때문에 환기를 원활히 해주어 증산작용을 도와주면 과습을 피할 수 있습니다. 실외에 둔 식물은 실내로 들이는 것이 좋고 들이기 어려운 식물은 물이 바로 빠질 수 있도록 물받침 등을 없애주어야 합니다.

Gloster's Home Gardening Story
실내가드닝에서의 빛 관리와 식물등

베란다
빛도 많고 습도도 높아 식물 키우기 좋은 공간이다. 샤워기로 물 주기도 편하다. 확장형 거실의 경우, 선반을 놓아 큰 창 옆에 배치하면 햇볕을 많이 받을 수 있다.

걸이대
식물의 성장속도가 다르다. 단, 직광에 적응할 수 있는 시간이 필요하다.

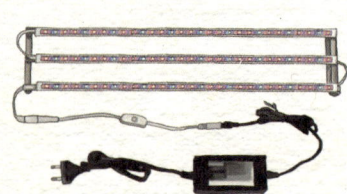

바 형태 식물등
선반이나 온실 천장에 붙여 사용할 수 있어 편하다. 단, 키 큰 식물에겐 제약이 있다.

전구 형태 식물등
소켓에 끼워 사용할 수 있어 편하다. 레일등이나 스탠드형 등기구에 안성맞춤이다.

전구형 식물등은 무게가 있기 때문에 관절을 볼트로 조일 수 있는 스탠드형 등기구가 좋다.

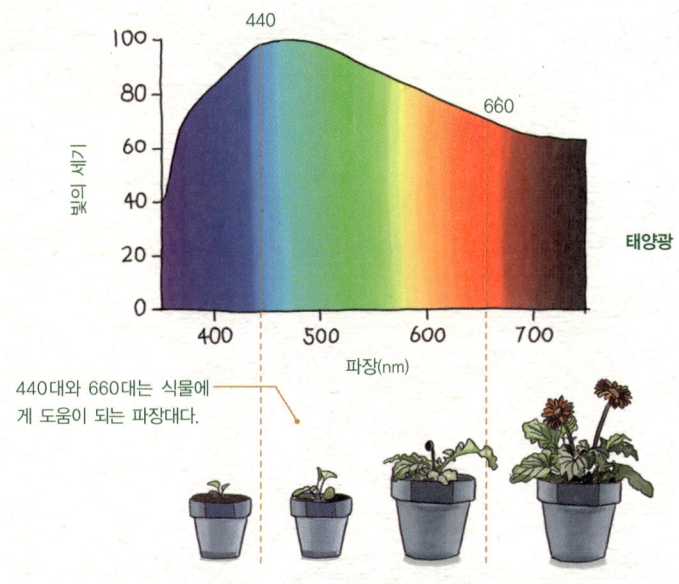

440대와 660대는 식물에게 도움이 되는 파장대다.

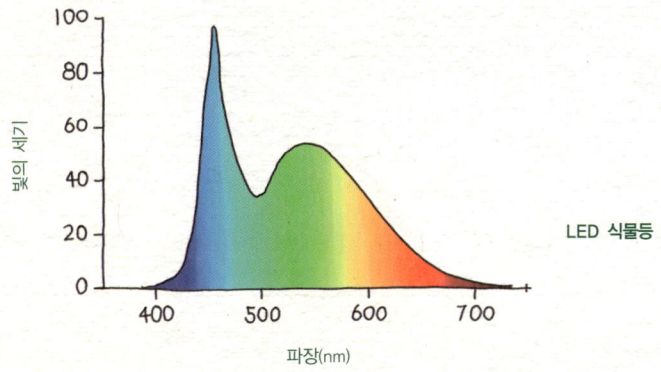

실내가드닝의 빛 관리

식물에게 중요한 요소 중 하나는 빛입니다. 실내가 아닌 정원이나 실외라면 빛 부족은 거의 문제가 되지 않습니다. 오히려 식물 종류에 따라 지나치게 강한 여름 햇볕은 조심해야 합니다. 하지만 실내가드닝에서는 빛 관리가 어렵습니다. 특히 베란다 없는 확장형 거실에서 식물을 키울 때는 문제가 더 커집니다. 이번 장에서는 실내가드닝에서 햇볕을 어떻게 활용해야 하는지, 그리고 식물등에 대한 이야기를 해보겠습니다.

자연광을 활용하자

베란다 식물 걸이대

아파트를 기준으로 볼 때 빛이 가장 좋은 곳은 어디일까요? 베란다 밖에 걸이대를 설치할 수 있다면 걸이대가 가장 빛이 좋은 곳입니다. 그런데 오래된 아파트에는 식물을 밖에 걸 수 있는 걸이대를 설치할 수 있지만, 최근에 지은 아파트들은 걸이대를 설치할 수 없는 경우가 대부분입니다. 대신 에어컨 실외기 자리가 비어 있다면 대신 사용해도 됩니다.

봄부터 가을까지 베란다 걸이대에 식물을 놓아두면 자라는 속도가 정말 다르다는 것을 알 수 있습니다. 걸이대에 적합한 식물은 다육식물, 침엽수, 야생화, 고무나무, 알로카시아, 칼라디움 등이며, 필로덴드론 중에서 글로리오섬, 파스타짜넘, 파라이소베르디 등이 적합합니다. 남향 아파트라고 해도 하루종일 빛이 들어오는 단독주택의 정원과는 달리 햇빛이 드는 시간이 제한적이기 때문에 생각보다 걸이대에서 적응시켜 키울 수 있는 식물의 종류가 많습니다.

다만 반드시 직광에 적응할 수 있는 시간이 필요합니다. 바로 직광에 내놓으면 대부분 화상을 입기 때문에 차광막을 이용해 조금씩 적응시킨 다음 밖에 내놓으면 됩니다. 한 번 적응된 식물은 직광을 잘 견딥니다.

베란다

베란다는 정말 식물을 키우기 좋은 공간입니다. 빛도 많이 들어오고 습도도 높이기 쉬운 편입니다. 샤워기로 물을 줄 수 있기 때문에 먼지가 제거되고 응애가 방지되어 잎이 깨끗하게 유지되는 것도 장점입니다. 다만 최근에 지은 아파트는 베란다 확장이 기본 옵션으로 되어 있는 경우가 많아서 점점 베란다가 있는 아파트가 줄어드는 점은 식물을 키우는 입장에서 참 아쉬운 일입니다.

확장형 거실 창 측

식물의 수가 적을 때는 확장형 거실에 식물을 두고 키우면 그래도 큰 문제 없이 식물을 키울 수 있습니다. 이 경우 확장형 거실 큰 창 옆에 식물을 배치하는 것이 가장 많은 햇볕을 받을 수 있어 좋습니다. 선반에 넉넉한 사이즈의 물받이를 활용하는 것도 좋지만 전망이 가려지는 점을 감안해서 결정해야 하며, 2단 정도의 계단형 식물 선반에 넉넉한 사이즈의 물받이를 활용하는 것도 좋습니다.

바닥에 바로 내려놓을 경우 거실 바닥이 나무 소재라면 물과 수분으로 손상될 위험이 있기 때문에 추천하지 않습니다. 최소한 바퀴식 식물 받침대를 사용하는 것이 좋습니다. 최근에는 물이 화분에서 흘러도 바닥으로 흐르지 않는 철제 플랜트 박스도 많이 활용하는 추세입니다.

식물등은 이제 선택이 아닌 필수!

햇볕이 들어오지 않는 실내에서는 스파티필름 등 소수의 식물을 제외하고는 건강하게 식물을 키우는 것이 참 어렵습니다. 일반적으로 실내는 빛이 부족하기 때문입니다. 이를 극복하기 위해 LED 식물등을 잘 활용하는 것이 실내에서 건강하게 식물을 키울 수 있는 방법 중 하나입니다. 다양한 제품이 판매되고 있지만 크게 두 가지 형태의 식물등이 있습니다.

바 형태의 식물등

바 형태의 식물등은 '이케아' 레르베리와 같은 선반 천장에 또는 '이케아' 밀스보와 같은 온실 내부에 붙여서 사용하기 위해 탄생한 식물등입니다. 최근에는 '플랜터스'와 같은 브랜드에서는 LED바 식물등에 네오디뮴 자석을 활용한 다양한 완제품이 판매중이라서 누구나 원하는 형태의 식물등을 빠르고 쉽게 설치할 수 있습니다. 바 형태의 식물등은 온실, 선반 등에서 사용하기에 편리하고 빛을 골고루 전달할 수 있는 장점이 있어서 많이 선호되고 있습니다. 하지만 선반 상부에 부착해서 사용해야 하기 때문에 키가 큰 식물에 사용할 때 다소 제약이 있습니다.

전구 형태의 식물등

'필립스' '퓨쳐그린' '빛솔' '햇볕아래' 등 다양한 회사에서 전구형 식물등을 판매하고 있습니다. E26 사이즈의 가장 일반적인 소켓을 활용한 등기구에 사용 가능하기 때문에 천장 레일등과 함께 사용하거나, 스탠드형 등기구를 활용해서 사용하기도 합니다. 설치 위치가 자유롭고 빛의 강도도 좋지만, 골고루 빛을 전달되기 위해서는 전구의 위치 등을 세심하게 고려해야 합니다. 또한 빛이 강한 대신 전력소모가 높은 편입니다. 식물등을 사용할 때는 '르그랑' 콘센트형 타이머와 같은 기계식 타이머를 이용하면 일정 시간 동안 식물들에게 빛을 규칙적으로 공급할 수 있기 때문에 편리합니다.

식물등 어떻게 선택할까?

식물등은 햇빛을 보조하기 위해 인위적으로 식물에 유리한 파장대(스펙트럼)와 광량(LUX가 아닌 PPFD)을 만들어낸 제품이기 때문에 파장대와 광량을 확인해야 좋은 식물등인지 아닌지 확인할 수 있습니다. 식물에게 도움이 되는 파장대와 식물에게 충분한 광량을 제공하는지 알아보는 것이 중요합니다.

식물에게 유익한 파장대 있다?!

태양광의 파장을 풀스펙트럼으로 한다면, 사람 눈에는 비슷하게 보이는 각종 인공 조명등도 불완전한 스펙트럼을 가지고 있습니다. 태양광(정오의 햇볕)을 기준으로 비교해보길 바랍니다(63쪽 참고).

그럼 풀스펙트럼에서 식물에게 도움이 되는 파장은 어떤 파장일까요? 440대와 660대가 도움이 됩니다. 따라서 식물등의 파장을 볼 때는 청색 440대와 적색 660대의 파장이 충분히 분포되어 있는지 봐야 합니다. 과거에는 사람 눈에 보이는 청색과 적색으로 된 식물등도 있었지만 실제로는 식물 성장등으로서의 효과가 없는 경우도 있었습니다.

하지만 최근에는 실제 유효한 파장대를 대부분 맞춰서 제품 개발이 이뤄지는 편입니다. 그래도 처음 들어본 제품이라면 제품 설명에 공식 인증기관에서 파장을 분석한 표가 있는지 확인하는 것이 좋습니다. 또한, 자체 측정값의 경우 측정 방법, 기기 등에 따라 정확하지 않을 수 있습니다.

PPFD 수치를 확인하라

PPFD는 단위 면적당 식물에게 유효한 광량이 얼마나 되는지를 보는 수치입니다. PPFD가 높다는 것은 결국 유효한 파장대의 빛이 충분하다는 뜻이기 때문에 식물이 더 잘 자라는 데 도움이 된다고 봐도 무방합니다. 참고로 보통 사람 눈에 밝은 정도를 보통 LUX로 표시를 하는데, 식물등의 경우에는 LUX가 아닌 PPFD 수치를 보는 것이 맞습니다.

PPFD(Photosynthetic Photon Flux Density, 광량)

☞ 식물 성장(광합성)에 유효한 광자의 개수(빛 알갱이 개수)를 말합니다. 기본적으로 PPFD가 높을수록 성장에 유리합니다. PPFD 수치가 일정 정도를 넘어서면 광합성 속도가 더 이상 증가하지 않음을 말하는 '광포화점'이라는 수치가 있으나 식물등에서는 사실상 해당되지 않습니다.

LUX

☞ 사전적 의미로는 '장소의 밝기' 또는 '조도'로 표현됩니다. 햇빛(자연광)을 기준으로 이야기할 때는 의미가 있으나, 식물등(인위적으로 만든 식물 성장에 유의미한 빛)에서는 사실상 의미가 없습니다. 또는 완전히 같은 스펙의 식물등(같은 LED칩)끼리 LUX를 비교하는 것은 가능하지만, 사실 이 경우 칩의 개수로 제품의 광량을 가늠할 수 있기 때문에 굳이 비교할 필요가 없습니다.
따라서, 식물등은 LUX와 관련이 있다고 보기 힘든 수치입니다. PPFD 역시 눈으로 확인이 안 되는 부분이기 때문에 공식 인증기관의 수치를 확인하는 것이 좋습니다.

Gloster's
Home Gardening Story

Q&A

Q. 식물등은 하루에 몇 시간 정도를 켜줘야 하나요?
A. 일반적으로 식불등은 빛의 강도가 햇볕보다 약하기 때문에 일조시간 보다 길게 켜주는 것이 좋습니다. 여름철 하지에 일조시간이 14시간 45분 정도 되고, 이 시간을 기준으로 계절에 상관없이 매일 오전 6시부터 오후 9시 정도까지 총 15시간 정도 식물등을 켜주는 것이 좋습니다.

Q. 그렇다면 식물등을 24시간 켜주면 좋은가요?
A. 식물도 잠을 자는 시간이 필요합니다. 빛이 있으면 광합성을 하고, 빛이 없는 밤 시간을 이용하여 낮에는 광합성을 통해 생산된 영양분을 이동시키며 성장도 하게 됩니다. 따라서 하루 종일 식물등을 켜놓으면 안 됩니다.

POINT IT!

전구형 식물등 사용 시 유의점
대부분의 전구형 식물등 안에는 안정기 등의 전기적 장치가 들어 있어서 다른 전구에 비해 무게가 많이 나갑니다. 이 점도 스탠드형 등기구를 사용할 때 고려해야 합니다. 특히, 자바라식 스탠드형 등기구 사용 시 고개가 절로 숙여지는 부작용이 발생하기도 합니다. 그래서 식물등을 쓰려면 관절을 볼트로 조일 수 있는 스탠드형 등기구 제품이 좋습니다.

Gloster's Home Gardening Story
어떤 화분이 좋은 화분인가?

이탈리아 토분
통풍 잘되는 흙으로 저화도로 구웠지만 두께를 두껍게 하여 저화도 화분의 단점을 극복했다.

PHILODENDRON BRANTIANUM

유약분
물마름이 더뎌 물을 좋아하는 식물에 좋고 오염에서 자유롭다.

토분
통기성이 우수하고 과습을 줄일 수 있어 뿌리 발달에 좋다.

플라스틱 슬릿분
저렴하면서 통기성이 좋아 번식에 용이하다.

좋은 화분과 나쁜 화분

세상 모든 일이 그렇듯 절대적으로 좋은 화분이나 절대적으로 나쁜 화분이란 존재하지 않습니다. 플라스틱 테이크아웃 컵이라도 자신이 식물을 키우는 환경에 맞고 자신의 가드닝 스타일에 맞는 화분이라면 좋은 화분이 될 수 있습니다. 이번 장에서는 토분, 플라스틱 화분, 플라스틱 슬릿분 등 각각의 장단점에 대해 알아보겠습니다.

같아도 다른 토분

토분은 흙을 재료로 만든 화분입니다. 하지만 일반적으로 가드닝에서 토분이라고 하면 테라코타 화분, 즉 초벌구이만 해서 화분의 통기성을 최대화한 화분을 뜻합니다. 하지만 같은 토분이라고 해도 재료가 되는 흙의 특성이나 굽는 방식과 코팅의 여부, 흙의 두께 등에 따라 화분의 특성은 큰 차이가 있습니다.

통기성이 우수한 토분

토분은 초벌로 만들어지기 때문에 통기성이 매우 우수하여 물 배출이 빠릅니다. 고질적으로 발생하는 과습 피해를 줄일 수 있습니다. 흙과 가장 비슷한 성질이고 표면에 기공이 많이 발달되어 통기성이 좋기 때문입니다. 이렇게 통기성이 우수한 토분은 흙으로의 산소 공급이 원활하여 뿌리 발달에 유리합니다. 토분은 물 마름이 빠르기 때문에 적절한 용토와 함께 쓰면 건조함을 좋아하는 다육이나 제라늄, 선인장 등을 심기에도 좋습니다. 또한 인테리어 면에서도 주변과 조화를 쉽게 이루기 때문에 투박한 토분은 오히려 식물을 돋보이게 해주는 장점도 있습니다.

토분의 단점

초벌구이만 했기 때문에 내구성이 약합니다. 시간이 지나면서 서서히 부스러지므로 사실 내구제가 아닌 소모품으로 보아야 합니다. 특히 겨울철 야외에 두게 되면 얼고 녹는 과정이 반복되면서 봄에 토분이 터져버리는 경우도 있습니다(특히 베트남 등 동남아시아 지역 제품이 겨울에 더 취약하다는 이야기가 있다).

또한, 물을 좋아하고 흙이 늘 젖어 있어야 하는 율마, 유칼립투스, 티트리, 콜로카시아, 오로라페페, 이레신버벌티 등은 토분을 사용하면 물 시중을 드는 일이 보통이 아니고(특히 여름철) 자칫 한번에 건조로 죽일 수 있습니다. 토분은 시간이 지나면서 미네랄과 오염물질로 기공이 막히면서 통기성이 떨어지기도 합니다. 코팅이 되어 있지 않아 곰팡이와 이끼에도 취약합니다. 햇볕을 받거나 통풍이 원활한 야외나 베란다 걸이대에서는 곰팡이 문제가 없지만 실내에서는 더 많이 발생합니다.

무게가 무거워 화분의 수가 많아질수록 팔목이 아픈 것도 단점이라고 할 수 있습니다. 또한 토분은 가격이 높은 편입니다. 독일 토분이나 국산 막토분도 일제 플라스틱 슬릿분에 비해서는 가격이 비싼 편입니다. 특히 요즘 유행하는 '듀가르송'과 같은 수제 브랜드 토분들은 구입도 어려울 뿐 아니라 가격도 상당히 높은 편입니다.

제조 방법에 따라 토분의 특징도 다르다

어떤 흙을 썼을까

사질(모래가 많이 섞인 흙)로 굽는 토분은 물 마름이 다른 토분에 비해서 훨씬 더 빠른 편입니다. 그에 비해 점토질(니질)로 굽는 토분은 공극의 사이즈가 작아서 물 마름이 더딘 경향이 있습니다. 그래서 일반적으로 많이 사용되는 독일 토분의 경우 국산 토분에 비해 물 마름이 더딘 편입니다.

굽는 온도에 따라 다르다

대체로 800도 정도의 낮은 온도로 구운 토분을 저화도, 중간을 중화도, 1,250도 이상의 높은 온도로 소성하는 경우 고화도라고 부릅니다.

저화도는 물이 바깥으로 맺혀서 나올 정도로 물 마름이 빠릅니다. 따라서 통풍에 유리하기 때문에 다육이(선인장 등), 제라늄 등 건조한 흙을 좋아하고 과습에 취약한 식물을 키우기 유리합니다. 다만 낮은 온도에서 소성했기 때문에 잘 깨지는 등 내구성이 약한 편이며 이염이나 오염에 취약합니다. 미네랄이 빠져나와 바깥에서 결정을 이루기 때문에 곰팡이 등이 잘 생기는 단점도 있습니다. 또한 추위에도 약해서 얇은 저화도의 경우 겨울철 실외에서는 추위에 터져버릴 수 있습니다.

고화도는 일반적으로 토분이 가지고 있는 특성은 많이 없는 편이며, 세라믹화된 화분으로서의 특성이 강합니다. 손가락으로 튕겨봤을 때 더 맑은 소리가 납니다. 물 마름은 더딘 편이고, 일정한 속도로 화분 내 흙의 수분이 줄어듭니다. 그래서 과습에 취약한 식물을 키울 때에는 물주기 등을 조심해야 합니다. 대신 내구성이 높고 이염과 오염에 강하기 때문에 외관상으로는 더 좋아 보일 수 있습니다.

중화도는 저화도와 고화도의 중간적인 특성을 보입니다.

코팅이 되면 물 마름이 더디다

코팅을 하면 수분 증발이 억제되는 측면이 있어서 물 마름 속도가 더 더지는 대신 화분 외부의 이염이나 오염에서 다소 자유로워집니다.

토분의 두께도 잘 살피자

토분 두께가 얇을수록 물 마름은 좋아지고, 두께가 두꺼울수록 물 마름은 더딥니다. 두께가 얇으면 가벼워서 핸들링이 쉽고 두꺼워지면 무거워서 다루기가 힘들어집니다. 또한 두께가 얇으면 내구성이 약해지고 두께가 두꺼워지면 내구성이 좋아집니다. 저화도일 경우 두께가 얇으면 오염과 이염이 잘되지만 두께가 두꺼워지면 오염과 이염이 덜합니다.

이탈리아 토분

☞ 이탈리아 토분 중 가격대가 높은 수제 토분의 경우 통풍이 잘되는 흙을 사용해서 저화도로 굽고 코팅을 하지 않는 대신 두께를 두껍게 해서 일반적인 저화도 화분의 단점을 극복한 화분이 있습니다.

가볍고 저렴한 플라스틱 화분

플라스틱 화분은 가격이 저렴하고 가볍습니다. 또한 형태를 자유롭게 만들 수 있어서 다양한 형태의 플라스틱 화분을 취향에 맞게 선택할 수 있는 장점이 있습니다. 또 연질 플라스틱 화분의 경우 화분이 부드러워서 식물과 화분을 분리하기 용이하기 때문에 중소형 식물의 시장 출하 시에는 대부분 연질 플라스틱 화분을 활용하고 있습니다. 하지만 물 마름이 잘되지 않아 과습이 쉽게 오는 경향이 있고 고가의 플라스틱 화분이 아닌 일반적인 플라스틱 화분의 경우 심미적으로 약간의 아쉬움이 느껴질 때가 많습니다.

통기성이 좋은 플라스틱 슬릿분

슬릿분은 가볍고 저렴한 특성에 물 마름을 개선한 화분입니다. 사방에 세로로 길게 홈을 낸 슬릿분은 일반 플라스틱 화분에 비해 통기성이 크게 개선될 뿐 아니라 뿌리가 화분 바닥에서 동그랗게 뭉치는 뿌리 써클링 현상을 줄여주어서 식물이 건강하게 성장할 수 있는 장점이 있습니다. 게다가 사각형 슬릿분의 경우에는 실내가드닝의 공간 부족 문제도 해결해줄 수 있기 때문에 번식이나 대량 재배 시에 많이 활용될 수 있습니다. 그러나 심미적으로는 아름답다고 하기가 어렵고, 다른 플라스틱 화분에 비해 물 마름이 좋지만 토분에 비해서는 물 마름이 더딘 편입니다. 또한 일부 중국산 슬릿분의 경우에는 저가의 소재를 사용해서 빛에 장기간 노출시 바스러지는 제품도 있기 때문에 검증된 제품을 구입하는 것이 좋습니다. 슬릿분의 색상은 대부분 모스그린 색상이 인기가 많은데, 화분을 사용하면서 생기는 얼룩 등이 잘 보이지 않기 때문입니다. 흰색은 처음에 보기는 좋지만 나중에 흙으로 인한 얼룩이 발생하기도 합니다.

Gloster's
Home Gardening Story

Q&A

Q. 무게 때문에 가벼운 플라스틱 화분을 사용하고 싶습니다. 이때 흙 배합이나 물주기는 어떻게 하면 좋을까요?

A. 플라스틱 화분도 적절한 배합으로 사용하면 고가의 토분보다도 식물이 더 잘 자랍니다. 필로덴드론과 같은 열대 관엽식물을 키운다면, 일단 플라스틱 화분은 통기가 부족한 특성이 있기 때문에 흙을 사용할 때 녹소토나 휴가토 등의 배수성을 개선시키는 알갱이 흙을 20~30% 정도 더 배합해주면 좋습니다. 이럴 경우 물주기는 겉흙이 마르면 바로 주면 됩니다. 하지만 일반상토를 사용할 경우라면 겉흙에서 1cm 이상 더 파보고 그 안까지 말랐을 때 물을 주면 됩니다. 가드닝도 조합을 잘하면 어떤 환경에서도 식물을 잘 키울 수 있다는 점을 기억하세요.

Q. 화분 선택 시 유의할 점은 무엇인가요?

A. 가드닝이 처음이라면 한 번에 많이 구입하는 것보다는 샘플을 사용해보고 결정하는 것이 좋습니다. 특히 손목이 약한 경우, 화분의 수가 많아지면 토분은 그 무게 때문에 손목 통증을 야기할 수 있습니다. 무게가 부담스럽다면 플라스틱 화분도 충분히 좋은 선택이 될 수 있습니다.
식물의 종류에 따라 선호되는 화분의 종류가 다릅니다. 물을 좋아하는 침엽수를 키운다면 토분보다는 플라스틱 화분이 좋습니다. 또 식물이 크다면 흙의 무게만 해도 만만치 않기 때문에 가벼운 플라스틱 화분이 관리에 유리합니다.

POINT IT!
고화도와 저화도 토분 중 뭐가 좋을까?
토분을 구입할 때, 흰색 등 밝은 색의 경우에는 고화도가 정신 건강에 좋고, 일반 토분색(황토색)이나 초코색 등의 어두운 색을 구입한다면 저화도 상관이 없습니다. 놓아두는 장소도 중요한 조건 중 하나인데, 실내의 경우에는 해가 비치지 않고 통풍 부족으로 곰팡이나 이끼가 생길 수 있기 때문에 굳이 토분을 사용하고자 한다면 유약분과 같이 코팅이 되거나 고화도 토분을 사용하는 것이 좋습니다.

일반 플라스틱 화분을 슬릿분을 만들어 사용하자
일반적인 연질 플라스틱 화분에 가위나 칼을 이용해서 옆에 홈을 내고 중간중간에 인두로 구멍을 내서 슬릿분으로 만들 수 있습니다. 또한 아이스아메리카노 등 투명한 커피 테이크아웃 컵도 아랫부분에 인두로 구멍을 몇 개 내고 옆을 칼로 홈을 내면 훌륭한 투명 슬릿분으로 변신시킬 수 있습니다. 플라스틱 두께가 얇아서 불안하다면 같은 사이즈의 컵 두 개를 겹쳐서 만들면 됩니다.

토분 세척하는 법

1 토분을 철 솔로 1차 세척합니다.

2 5~10% 락스 희석액에 3시간 이상 담가놓습니다. 5%만 하더라도 문제가 없었으나 오염의 정도가 심하거나 더 짧은 시간 안에 세척을 하고자 할 때는 농도를 높일 수 있습니다. 락스액에 담가놓는 과정을 통해 곰팡이 포자와 이끼가 완전히 제거됩니다. 또한 불순물을 녹이고 세균을 죽입니다. 락스액에 담굴 때는 반드시 고무장갑을 착용하고, 락스액에 탈색되어도 괜찮은 옷을 입어야 합니다. 금속소재는 가급적 피하고, 큰 고무대야나 플라스틱 욕조를 이용하세요.
락스로 죽은 이끼나 곰팡이, 희석된 미네랄 등을 청수세미나 솔로 잘 제거해줍니다. 잘 제거해주지 않으면, 이 부분을 양분 삼아 곰팡이가 생깁니다. 일반적으로 알비료나 액비를 꾸준히 사용했지만 식물이 다 흡수하지 못하는 상황이라면 화분 윗부분에 비료와 수돗물 속 미네랄, 염분이 타고 올라와서 붙어 있습니다. 이 부분은 일단 커터칼 뒷면 등을 이용해서 벗겨내고 남은 부분은 식초를 이용해서 없앱니다. 미네랄은 알칼리성이고 식초는 산성이라서 눌러 붙은 미네랄을 식초가 녹여줍니다. 제일 싼 양조식초를 물 받침에 넉넉히 붓고 거꾸로 토분을 올려놓으면 됩니다.
시간은 녹는 모습을 보면서 조절해주세요. 닦아준 토분은 다시 물을 틀어서 물이 계속 흘러넘치게 하면 토분에 스며든 락스 희석액이 빠져나갑니다. 물을 아끼지 마시고 가급적 락스를 최대한 제거합니다.

3 햇볕에 말려도 좋고, 그냥 말려도 됩니다. 바짝 말려서 락스가 토분에 남지 않게 합니다. 보관 시에는 신문지나 골판지를 사이사이에 끼워서 화분이 부서지는 것을 방지합니다.

1

철 솔

솔로 토분을 1차 세척한다.

2

큰 고무대야

솔

락스 희석액 5~10%에 3시간 담가둔 후 물 흘러넘치게 하여 락스 제거!

3

햇볕에 말린 후 신문지로 보관한다.

Gloster's Home Gardening Story
초간단 분갈이 방법을 알아보자

1

기존 화분보다 지름 2~3cm 큰 화분으로 준비한다.

2

배수층을 깔면 과습을 방지할 수 있다.

3

화분에서 식물을을
분리한다.

4

오래된 뿌리와 흙을 제거한다.

5

식물을 잡고 사이사이에
흙을 채워준다. 절대 눌러
담지 않는다.

6

샤워기로 안쪽 흙까지 충분히 젖을 수
있도록 흠뻑 물을 준다. 화분 아래 병
뚜껑을 받치면 물이 더 잘 빠진다.

간단하게 분갈이 하는 법

땅이 아닌 화분에 식물을 심어서 키우면 다양한 장점이 있습니다. 계절의 변화와 식물의 컨디션에 따라 위치를 자유롭게 바꿀 수 있고, 화분과 식물의 매치를 통해 더 즐겁게 가드닝을 할 수 있습니다. 또 한정된 공간에서 서로에게 침범하지 않고 식물을 배치할 수 있고, 방향을 쉽게 바꿀 수 있어 해의 방향에 따라서 식물이 한쪽으로 치우쳐 자라는 것을 방지할 수 있습니다.

하지만 화분에 식물을 키우다보면 다양한 어려움도 발생하는데, 그중 하나가 지속적인 분갈이가 필요하다는 것입니다. 실내가드닝을 하다보면 분갈이는 정말 반복되는 일상이 됩니다. 이번에는 범용적으로 활용할 수 있는 초간단 분갈이 방법을 소개합니다.

1 새로운 화분 준비

새로운 화분은 기존 화분보다 지름이 2~3cm 정도 큰 화분이면 됩니다. 갑자기 너무 큰 화분에 분갈이할 경우 과습이 올 수 있습니다.

2 화분에 배수층 깔기

배수층을 깔아주면 과습으로부터 식물의 뿌리를 보호할 수 있을 뿐 아니라 뿌리내림도 원활하게 할 수 있습니다. 배수층은 난석, 녹소토, 적옥토, 마사토, 코코칩 등을 모두 사용할 수 있습니다. 열대식물 분갈이 시에는 코코칩을 활용하면 물빠짐과 혹시 모를 건조에도 대비할 수 있기 때문에 추천하는 방법입니다. 화분이 작을 경우 생략해도 됩니다.

3 기존 화분에서 식물 분리하기

기존 화분에서 식물을 분리합니다. 거꾸로 놓고 탁탁 쳐도 되고, 연질의 플라스틱 화분이라면 손으로 살살 주물러주면서 빼내어도 됩니다. 식물의 줄기 등을 잡고 분리하면 되는데, 잘 분리가 되지 않는다면 화분 벽에 식물의 뿌리가 붙었는지를 확인하여 플라스틱 칼이나 모종삽을 이용해서 벽에 붙은 뿌리를 떼어주어야 합니다. 또 물구멍이나 슬릿분의 구멍으로 뿌리가 나와 있는 경우 가위 등으로 잘라주어야 잘 분리가 됩니다.

그리고 분리 전에 미리 물을 주어 촉촉한 상태로 만들면 분리가 더 쉬워집니다. 분리가 잘되지 않는데 억지로 분리를 하려고 하면 식물의 줄기와 뿌리가 분리되는 등의 문제가 발생할 수 있으므로 주의합니다. 만약 토분에 뿌리가 완전히 달라붙어 있다면 토분을 깨트려서 식물과 토분을 분리할 수도 있습니다.

4 뿌리 정리 및 오래된 흙 제거

포크 등을 이용해서 뿌리 사이사이의 흙을 털어냅니다. 다만, 분갈이 스트레스가 심한 품종인 경우에는 그대로 심어줍니다. 상한 뿌리는 잘라서 제거해주고, 지나치게 긴 뿌리도 잘라주면 오히려 뿌리의 성장에 자극이 될 수 있습니다.

5 새 화분에 식물 넣고 상토 넣어주기

흙은 품종에 따라 다른 배합을 쓰면 좋지만 판단이 어려울 때는 원예용 범용 상토를 구입하여 사용하면 큰 문제없이 쓸 수 있습니다. 다만 과습에 취약한 품종일 경우 펄라이트나 녹소토 등의 배수제를 20% 이상 섞어서 사용하면 좋습니다. 상토를 넣을 때는 식물을 잡고 화분을 툭툭 치면서 사이사이 흙을 넣어주면 빈 공간이 채워집니다. 절대로 눌러 담지 않습니다. 눌러 담게 되면 흙 사이사이의 공극이 줄어들면서 뿌리가 숨쉬기 어려워지고, 그로 인해 과습도 잘 오게 됩니다.

또 흙은 화분에 가득 채우지 않고 15% 정도 여유 공간을 남겨두는 것이 좋습니다. 위에 여유 공간이 있어야 물을 줄 때에도 물이 넘치지 않게 할 뿐 아니라, 알비료 등을 올려주거나 할 수 있습니다.

6 물길 내어주고 물 빠질 때까지 방치

샤워기로 물을 줍니다. 물을 줄 때 안쪽의 흙까지 충분히 젖고 또 그 안에 물이 지나가는 물길이 생기기 위해서는 물을 충분히 줘서 물구멍으로 물이 잘 나오는 것까지 확인해야 합니다. 흙물이 나오지 않고 맑은 물이 나올 때 까지 물을 주면 좋습니다.

화분을 놓아둘 때 물받침을 이용하면 물을 주고 난 후 일정 부분 저면관수 효과가 있기 때문에 트리안 같은 뮬란베키아 종류 등 물 마름에 취약한 식물들에 적합합니다. 다만 물을 빨리 배출시켜야 하는 식물이라면 물받침 없이 바로 물이 빠져나가도록 해주는 것이 좋습니다. 생수병 뚜껑 등을 활용해서 화분 아래 3곳에 고이면 물구멍에서 물이 더 원활하게 빠져나갈 수 있습니다.

Gloster's
Home Gardening Story

Q&A

Q. 분갈이를 하는 계절이 따로 있나요?
A. 식물이 휴식을 취하는 시기에는 가급적이면 뿌리를 건드리지 않는 것이 좋습니다. 그래서 식물에 따라 분갈이 타이밍은 다를 수 있습니다. 하지만 일반적으로 겨울에는 식물이 성장을 멈추고 있는 경우가 많기 때문에 가온을 하지 않는 베란다에 둔 식물의 경우에는 겨울 분갈이를 피하는 것이 좋습니다.
가장 분갈이를 많이 하는 계절은 봄입니다. 일조량이 증가하고 기온이 따뜻해지면서 식물의 성장이 본격적으로 시작되기 전 썩은 뿌리를 제거하고 신선한 흙으로 분갈이를 해주면 봄철에 식물의 성장이 매우 좋아집니다.

Q. 분갈이를 하면 계속 화분을 크게 키워줘야 하나요?
A. 식물이 성장하면서 화분도 자꾸 커지는데, 커지는 화분이 부담스러울 수 있습니다. 이럴 경우 전정 작업 등을 통해 식물 상층부의 크기를 줄여주고 뿌리도 어느 정도 정리를 해주면서 같은 사이즈의 화분으로도 계속 잘 키워낼 수 있습니다.

Gloster's
Home Gardening Story

POINT IT!

저면관수가 필요한 경우

저면관수는 화분의 물받침에 물을 부어 뿌리부터 물을 공급하는 물주기 방식을 말합니다. 일반적으로는 물을 위에서 주는 것이 좋습니다. 물을 줄 때 잎을 샤워기로 씻어주면 더 좋습니다. 실내에서 물주기가 어려운 경우에는 한두 달에 한 번이라도 물 샤워를 시켜주면 병충해 방지나 활발한 광합성을 위한 먼지 제거 등에 효과적입니다.

하지만 저면관수가 필요한 경우가 있습니다. 농약 희석액을 충분히 흙에 흡수시켜줄 때나, 물이 말라 상토에 포함된 코코피트의 물 흡수력이 떨어진 경우 이를 회복시켜주고 싶을 때 하면 좋습니다. 물론 새 흙으로 분갈이해주는 것이 제일 좋겠지요. 또한 식물이 건조해져 시들었을 때도 저면관수를 하면 좋습니다. 하지만 너무 마른 경우는 회복이 되지 않을 수 있으니 유의해야 합니다.

Gloster's Home Gardening Story
가드닝의 잇템, 수태를 활용하는 방법

번식
수태꽂이나 잎꽂이 번식에 효과적이다.

잎꽂이
베고니아 등과 같은 식물은 잎을 잘라 번식할 때 수태를 사용한다.

멀칭
칼라데아의 건조한 환경을 방지하고, 안스리움의 경우 뿌리 습도를 높여줄 수 있다.

취목
식물의 가지를 자르지 않고 번식할 때 수태를 사용한다.

식재용
정글플랜츠, 식충식물, 박쥐란 등은 흙 대신 수태로만 식재하여 쓰기도 한다.

가드닝의 감초, 수태

수태(水苔)는 한자의 뜻으로만 보면 '물이끼'입니다. 습지에서 자라는 이끼의 종류인데, 살아 있는 수태는 생수태라고 부릅니다. 대부분 수태라고 하면 이 생수태를 원산지에서 수확하여 찐 다음에 건조, 압축한 건수태를 말합니다.

수태의 원산지는 대부분 뉴질랜드나 칠레입니다. 축축한 늪지대에서 길게 늘어지면서 자란 수태를 채취하여 가공한 후 수출합니다. 일반적으로 뉴질랜드 수태는 하얀색, 칠레산은 붉은색이 많습니다. 수태의 밥과 길이, 색상 때문에 뉴질랜드 수태를 '백수태'로 부르며 더 상급으로 봅니다. 같은 뉴질랜드 수태도 길이와 두께 등을 고려하여 AA급, AAA급, AAAA급 등으로 나뉩니다. 다만 이 등급은 수출업자들이 임의로 정하는 경우가 많아 급이 높다고 해서 무조건 좋은 수태라고 볼 수는 없습니다. 그래서 직접 확인하고 구입하는 것이 좋습니다.

하지만 일반적으로 가드닝용으로 사용할 때는 수태의 등급을 많이 따지지 않아도 됩니다. 특히 수태꽂이, 잎꽂이, 멀칭용 등으로 사용할 경우에는 낮은 등급을 구입하여 사용해도 아무런 문제가 없습니다. 비싼 수태를 사서 계속 재활용하는 것보다 조금 낮은 등급의 수태를 새것으로 사용하는 것이 더 좋습니다.

수태는 보수성이 매우 뛰어나고 통기성도 좋아서 착생식물의 뿌리가 수태에 파고들거나 붙기 좋습니다. 뿐만 아니라 새로운 수태를 물에 적셨다가 짜서 사용하면 천연 항균 물질이 소량 포함되어 있어서 뿌리의 절단면이 부패되는 것을 어느 정도 막아줍니다.

수태의 다양한 활용법

식물 번식에도 만능

필로덴드론, 안스리움 삽수 등을 번식할 때 수태꽂이를 하면 효과가 좋습니다. 또한 베고니아의 잎꽂이, 페페 잎꽂이 등에도 효과적으로 사용할 수 있습니다. 분재나 정원수 등의 나무 번식을 할 때도 수태를 사용합니다. 이를 '취목'이라고 합니다. 취목이란 식물의 가지가 모체에 붙어 있는 상태에서 휘는 줄기를 땅에 묻어 번식하는 휘묻이를 하거나 수피를 벗기고(환상박피) 그 부위에 수태나 흙을 감아서 뿌리를 낸 후 잘라내서 독립시키는 영양번식 방법입니다.

나무의 큰 가지를 잘라서 삽목을 하는 방법은 쉽지 않기 때문에 큰 사이즈의 나무를 바로 번식시킬 수 있는 장점이 있어 취목을 하게 됩니다. 또한 모체에서 수분과 영양분을 공급받기 때문에 시간은 오래 걸리더라도 성공률이 삽목에 비해 높은 편입니다. 이 방법을 사용할 수 있는 실내가드닝 식물로는 필로덴드론, 안스리움, 몬스테라 등이 있습니다.

이 종류들은 이미 기근(공기뿌리)이 발달해 있기 때문에, 굳이 환상박피와 같은 자극을 주지 않아도 됩니다. 수태로 줄기를 감싸고 수분이 날아가지 않게 비닐 랩 등으로 씌운 다음 수태가 마르지 않게 수분을 공급해주면 됩니다. 뿌리가 어느 정도 자라면 그때 줄기를 잘라 새로운 개체로 독립시킵니다.

화분의 멀칭은 꼭 필요한 때만!

화분 위에 마사, 자갈, 색돌 등을 올리는 것을 멀칭이라고 합니다. 그러나 보통 화분 위에는 멀칭을 하지 않는 것이 좋습니다. 멀칭이 되어 있는 경우 흙이 눌려서 뭉치게 되어 흙에 산소 공급이 부족하게 되고, 수분의 증발을 막아서 과습이 쉽게 오게 됩니다. 또한 물주는 타이밍을 볼 때 겉흙이 얼마나 말랐는지를 확인해야 하는데, 멀칭이 되어 있으면 확인이 어렵습니다.

다만, 일부 특수한 경우에 수태로 멀칭해주는 경우가 있습니다. 안스리움의 뿌리가 습도 부족으로 더 이상 뻗지 못할 때 수태를 줄기에 감아주고 화분 위에도 수태를 멀칭합니다. 이렇게 하면 자연스럽게 뿌리가 발달하고 흙 속으로 뻗어 들어갈 수 있습니다. 또한 칼라데아 종류를 키울 때 실내가 지나치게 건조하면 수태로 멀칭해주어 화분의 흙이 '과습→건조→과습' 상태가 반복되지 않게 해줄 때도 사용합니다.

식재용으로 활용되는 수태

풍란, 양란, 안스리움, 식충식물 등은 흙 대신 수태로 사용하여 키우기도 합니다. 이뿐 아니라 정글플랜츠 중에서도 수태만으로 키워내는 식물들이 상당히 많이 있어서 테라리움이나 비바리움 등을 만들 때 필수 재료 중 하나입니다.

최근에는 '코케다마'라는 이름으로, 수태를 뭉친 수태볼(이끼볼)에 아이비나 박쥐란, 덩굴성 필로덴드론 등을 식재해서 키우는 방법이 유행하고 있습니다. 수태를 펼친 다음 안쪽에 흙을 포함한 식물의 뿌리를 넣고 동그랗게 수태로 감싼 다음 마끈 등으로 동그랗게 감아주는 형태입니다.

베고니아 흙도 수태를 잘게 잘라서 배합해주면 좋습니다. 약산성 재료라서 토양의 산도를 높여주는 역할을 하기 때문에 약산성 산도를 좋아하는 식물들의 성장에 도움이 됩니다.

더욱 풍성한 리스 만들기

수태로 토피어리 만드는 것과 비슷한 방법입니다. 원하는 형태로 리스를 만들어주고, 그 리스에 아이비나 호야, 제주애기모람, 콩짜개란, 지네란 등의 덩굴성 식물이나 착생 식물이 자랄 수 있게 합니다. 분재철사만으로 만드는 리스에 비해 착생이 쉬워서 더 풍성한 모습을 즐길 수 있습니다.

그 외에 테라리움과 수태봉을 만드는 데도 수태는 꼭 필요한 재료입니다. 테라리움은 뒤에서 더 자세히 다루겠습니다(215쪽 참고).

정글플랜츠

☞ 원래는 열대 자생식물 모두를 일컫는 말이지만 그중에서도 특히 라비시아, 호말로메나, 아르디시아, 브로멜리아드 등 테라리움 등을 꾸밀 때 사용되는 열대식물을 지칭할 때 주로 사용한다.

비바리움

☞ 투명한 유리 어항 등에 수태벽, 유목 등으로 레이아웃을 잡고, 다양한 열대식물을 착생하거나 심은 뒤, 파충류, 곤충 등을 넣어 자연 속 생태 환경을 조성하는 것. 제작과 유지에 난이도가 높은 편이라 마니아층이 따로 존재한다.

Gloster's
Home Gardening Story

Q&A

Q. 수태를 물에 불려서 바로 써도 되나요? 세제 등으로 세척을 해주는 것이 좋은가요?
A. 수태는 이미 찌고 말리는 과정을 통해 무균상태로 수입되기 때문에 하루 정도 물에 불렸다가 손으로 물기를 짜서 바로 사용해 아무런 문제가 없습니다. 오히려 세척을 하는 과정에서 수태의 길이가 짧아지기도 하고 수태밥이 떨어져나가 품질이 저하될 수 있습니다.

Q. 수태가 물을 잘 먹지 않는 것 같습니다. 물을 주면 다 튕겨내는데 어떻게 해야 할까요?
A. 수태는 다 마르기 전에는 물을 빠르게 흡수하는 성질이 있지만, 바짝 마르고 나면 처음 물을 줬을 때 물을 튕겨내는 특성이 있습니다. 이렇게 바짝 마른 수태는 물에 담가두거나 분무기로 뿌리고 30분 후에 다시 분무하여 촉촉하게 만든 다음 물을 주면 다시 물을 빨리 흡수하게 됩니다.

POINT IT!
한 번 사용한 수태의 재활용 방법
사용한 수태에서 최대한 이물질을 제거해주고 끓는 물에 삶은 다음 식혀서 물을 짜 말립니다. 삶는 과정에서 멸균을 할 수 있고 다시 건조할 때 햇볕에 말리면 2차 소독이 됩니다. 다만 밖에서 말리면 수태가 마르면서 바람에 다 날아가니 양파망에 넣어서 말리거나 바람이 없는 베란다에서 말리는 것이 좋습니다.
말린 수태는 잘 보관하다가 필요할 때 다시 사용하면 됩니다. 이 방법의 장점은 재활용이 비교적 편하다는 것인데, 단점은 이끼가 끼어 있는 수태의 경우 삶을 때 비린내가 난다는 점입니다.

수태봉 만드는 법

수태봉은 필로덴드론과 같이 원산지에서 나무를 타고 오르며 자라는 식물에게 필요한 지지대입니다. 특히 베루코섬, 멜라노크리섬, 소디로이, 파스타짜넘 등이 나무를 타는 종이며 이를 클라이머(Climber) 계통이라고 합니다. 이런 특징이 있는 식물은 지지할 곳이 없으면 성장이 더뎌지거나 수형이 예뻐지지 않고 잎도 커지지 않는 경우가 많습니다.

따라서 수태봉으로 지지대를 해주면 뿌리가 쉽게 파고들어 기근이 잘 발달하여, 더 빨리, 더 크게 자랄 수 있습니다. 또한 나중에 삽수를 잘랐을 때도 기근이 잘 발달되어 있어 순화가 훨씬 빠릅니다.

1. 수태봉 형 만들기

[준비물]
분갈이용 매트, 검정색 플라스틱 네트(PE-E-검정, 구멍 크기 8mm), 검정색 케이블타이(길이×폭 145×3.6mm), 300mm 단위로 자른 분재철사(두께 4mm 이상), 수태, 피자세이버(피자고정핀), 가위(혹은 니퍼)

[만드는 법]
1. 140×500(mm)로 재단한 플라스틱 네트에 케이블타이를 걸어줍니다.
2. 플라스틱 네트에 수태를 얹고, 300mm로 자른 분재철사 끝을 ㄱ자로 살짝 꺾은 후, 분재철사 2개 올려줍니다.
3. 케이블타이를 반대쪽에 걸어서 조입니다. 아래에서 위로 올려가면서 단단하게 조인 후, 남은 케이블타이를 잘라줍니다
4. 위아래쪽에 피자세이버를 넣어서 수태가 흘러내리지 않게 해줍니다.

095

2. 수태벽 형 만들기

[준비물]
분갈이용 매트, PVC 시트(불투명, 두께 0.5mm) 검정색 플라스틱 네트 (PE-E-검정, 구멍 크기 10mm), 검정색 케이블타이(100mm, 작은 케이블타이), 수태, 펀칭기, 칼, 자, 가위, 네임펜, 커팅보드(없으면 두꺼운 종이)

[만드는 법]
1. 커팅 보드에 PVC 시트를 올리고 폭 11cm로 재단을 합니다. 펀칭기를 이용해 PVC 시트에 대략 4~5cm 정도 간격으로 펀칭을 해줍니다.
2. PE망은 폭을 5칸으로 하여 재단한 뒤 구멍에 케이블타이를 넣어 pvc 시트와 PE 망을 결합해줍니다.
3. 결합을 마치면 반원 형태의 수태벽이 완성됩니다.
4. 분갈이 시 수태벽을 함께 넣어서 분갈이를 해주고, 수태벽 위의 빈 부분에 젖은 수태를 채워서 사용하면 됩니다. 수태는 한 번에 다 넣지 말고 식물의 성장에 따라 채워가면서 사용합니다.

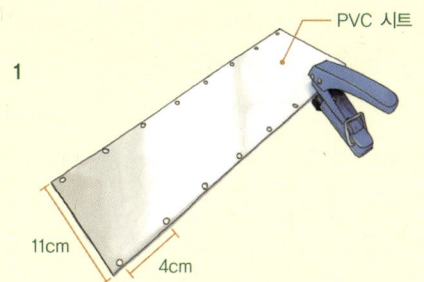

1. PVC 시트를 폭 11cm로 재단 후, 4~5cm 간격으로 펀칭한다.

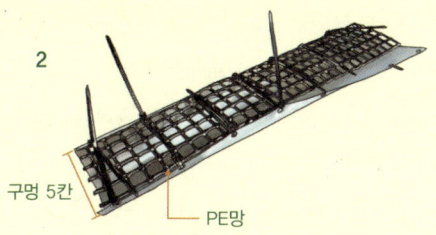

2. PE망과 PVC 시트를 케이블타이로 결합한다.

3. 반원 형태의 수태벽이 완성된다.

4. 분갈이 시 수태벽을 함께 넣어 분갈이하고 수태벽 빈 공간에 젖은 수태를 채운다.

Gloster's
Home Gardening Story

Q&A

Q. 수태봉을 만들어놓고 사용하지 않을 때는 어떻게 보관해야 하나요?
A. 말려서 보관하면 되며, 사용 전 물에 적셔 사용합니다. 수태는 한 번 바짝 마르면 분무기를 뿌려도 처음에는 물을 튕겨내는 특성이 있습니다. 그래서 사용 전에는 욕조 등에 물을 받아 수태봉을 넣어두거나, 시간차를 두고 물을 뿌려주면 물을 잘 흡수합니다. 만약 급하게 써야 한다면 수태봉을 손으로 조금 주무르면서 샤워기 물을 뿌려주면 됩니다.

Q. 수태봉을 늘 촉촉하게 해주는 것이 어려운데 어떻게 하면 습도를 유지할 수 있나요?
A. 수태봉을 촉촉하게 해주기 위해 매일 물을 뿌리다보면 화분으로 물이 흘러들게 되어 과습으로 인해 뿌리가 썩을 수 있습니다. 따라서 매일 물을 샤워기가 아닌 분무기로 뿌려주는 정도로 적셔주는 것이 좋습니다. 그 방법이 어려울 때는 약국에서 파는 대형 주사기를 구입하여 수태봉 위의 피자세이버를 빼고 주사기를 꽂아준 다음 매일 물을 보충해주는 것도 좋습니다. 만약 온실과 같이 공중습도가 높은 경우에는 수태의 수분이 잘 날아가지 않기 때문에 수태봉에 별도의 수분 보충을 매일 해줄 필요가 없습니다. 가끔씩만 물을 뿌려주는 정도면 충분합니다.

Q. 수태봉에서 식물을 분리할 때 어떻게 해야 하나요?
A. 수태봉에서 식물을 분리할 때 뿌리가 수태봉 안으로 다 들어가 있는데, 이 경우 어떻게 분리를 해야 할지 고민할 수 있습니다. 이때 두 가지

방법이 다 가능합니다.
첫째, 수태봉에서 최대한 뿌리를 뽑은 다음 가위로 잘라주면 됩니다. 절단된 뿌리 끝에서 새로운 뿌리가 나기 때문에 큰 문제가 없습니다.
둘째, 그럼에도 뿌리를 다 살리고 싶다면 분재 가위 등을 이용하여 수태봉을 해체하면 됩니다.

Q. 식물의 키가 수태봉을 넘으려고 하는데 수태봉을 연장할 수 있나요?
A. 조금 수고스럽지만 수태봉 연장도 가능합니다. 기존 수태봉 맨 위의 피자세이버를 제거하고 연결을 해줄 길이 100cm 정도 되는 지지대를 2개 꽂습니다. 꽂기 전에 기존 수태봉에 물을 적셔 촉촉하게 해주어야 지지대를 잘 꽂을 수 있습니다. 위에 새로운 수태봉을 꽂아주고, 외부에는 1m 정도의 긴 지지대 두 개를 흙에 꽂아 세운 뒤, 수태봉과 케이블타이로 연결해주면 더 좋습니다.

POINT IT!
수태봉에 맞는 토분 고르기
긴 수태봉을 사용하기 위해서는 무거운 토분을 사용하는 것이 안정적입니다. 수태봉의 무게를 지탱해야 하기 때문에 무거운 토분을 사용해야 넘어지지 않습니다. 또한 수태봉은 분갈이할 때 꽂아주는 것이 뿌리를 다치지 않게 하는 좋은 방법입니다. 만약 기존 화분에 수태봉을 꽂아줄 때는 아래 분재철사가 뿌리를 다치지 않도록 잘 꽂아주어야 합니다.

Gloster's Home Gardening Story
비료 잘 쓰는 법을 알아보자

ALOCASIA PINK DRAGON

질소(N)
건강하고 큰 잎을 위해 가장 많이 필요한 성분. 부족하면 잎이 노래진다.

칼륨(K)
줄기를 굵게 하고 뿌리를 튼튼하게 한다. 칼륨이 부족하면 잎이 노래지고 성장이 느려진다.

인산(P)
식물과 개화, 결실에 영향을 준다. 인산이 부족하면 새 가지의 생성이 안 된다.

알비료
화분 위에 한번 뿌리면 4~6개월까지 효과가 지속된다.

액체비료
효과가 오래 지속되지 않지만 효과가 빠른 게 가장 큰 장점이다.

비료의 3요소

학교를 다니며 기본적으로 생물 시간에 배운 내용 중 식물에게 필요한 비료의 세 가지 성분을 떠올려보길 바랍니다. 질소(N), 인산(P), 칼륨(K)이 그것입니다. 비료를 구입할 때 N-P-K 비율이 항상 나오게 됩니다. 그 외에 비료의 5요소로 두 가지를 더 언급할 경우 기존의 질소, 인산, 칼륨에 칼슘(Ca)과 마그네슘(Mg)까지 포함하게 됩니다. 이번 장에서는 비료의 3요소로 불리는 질소, 인산, 칼륨 성분에 대한 아주 간단한 정보와 함께 실내가드닝에서 주로 사용되는 두 가지 형태, 즉 알비료와 액체비료(액비)의 사용법에 대해 알아보겠습니다.

하나만 부족해도 안 되는 질소, 인산, 칼륨

질소(N)

질소는 식물체를 이루는 단백질의 합성을 위해 매우 중요한 성분이기 때문에 식물이 가장 많이 필요로 하는 성분입니다. 특히 건강한 잎을 위해서 가장 많이 필요한 영양분이기도 합니다. 질소가 부족하면 식물의 성장이 느려지고 잎의 색이 연해지다가 노랗게 변합니다.

인산(P)

인산은 세포핵의 주요 성분으로 세포분열과 세포 구성에 필요한 성분이기 때문에 식물의 개화 및 결실에 큰 영향을 주는 성분입니다. 인산이 부족하면 잔뿌리나 새로운 가지의 생성이 잘되지 않습니다.

칼륨(K)

칼륨은 광합성에 큰 영향을 미치며 탄수화물의 생성과 이동에 중요한 역할을 담당하고 있습니다. 줄기를 굵게 하고 뿌리를 튼튼하게 하는 영양분이라고 할 수 있습니다. 건강한 열매를 위해서도 필요합니다. 칼륨이 부족할 경우 잎의 색이 노랗게 변하며 성장이 느려집니다.

함량 비율에 따라 쓰임이 다르다

수평형
N-P-K가 동일한 비율로 포함된 비료로 시기와 상관없이 일반적으로 사용 가능한 비료입니다. 주로 쓰는 제품으로는 '피터스 균형성장(20-20-20)' 등이 있습니다.

하향형
엽록소(잎)를 만드는 질소의 비율이 높게 포함된 비료로, 관엽식물(비무늬종), 엽채류, 수목 등에 사용할 수 있는 비료입니다. 주로 쓰는 제품으로는 '피터스 초기생육(30-10-10)' '하이포넥스 탑퀄리티 관엽식물(7-4-4)' 등이 있습니다.

상향형
질소의 비율이 낮고 칼륨의 비율이 높아서 결실기에 사용하는 비료입니다. 실내가드닝에서는 질소의 비율이 낮기 때문에 무늬가 사라지는 것을 막는다는 설이 있어 활용을 하는 경우가 많으며, 빛이 부족하여 웃자람이 예상될 때 사용합니다. 주로 쓰는 제품으로는 '피터스 결실기 (4-25-35)' 등이 있습니다.

산형

질소와 칼륨에 비해 인산의 비율이 상대적으로 높은 비료입니다. 개화촉진, 열매형성, 열매를 크게 하거나 당도를 높이는 용으로 사용됩니다. 주로 쓰는 제품으로는 '피터스 당도비대 / 개화용(10-30-20)' '하이포넥스 하이그레이드 원액(7-10-6)' '하이포넥스 하이그레이드 개화용 (0-6-4)' 등이 있습니다.

비료의 종류

형태적으로 고형비료와 액체비료로 나눠서 볼 수 있습니다. 고형비료에는 전통적으로 사용되어온 깻묵이나 발효 계분 등도 포함되지만, 실내가드닝 특성상 냄새가 나거나 벌레가 발생할 수 있는 비료는 실제로 사용이 어렵기 때문에 고형비료는 알비료를 중심으로 다루고자 합니다.

알비료

알비료는 내부에 비료 성분을 넣고 바깥을 여러 가지 성분으로 코팅을 한 비료입니다. 알비료 종류마다 N-P-K 비율은 다르게 배합되어 있습니다. 또 코팅제의 종류에 따라서도 다른 효과가 있습니다.

알비료의 장점은 냄새가 적고(제품에 따라 냄새의 정도는 다르다) 비료를 사용하기 편하며(용량을 적절하게 조절 가능하다), 비료가 한 번에 다 빠져나오는 것이 아니라 일정한 용량으로 지속적으로 나오는 지효성 비료이기 때문에 한 번 시비를 하고 나면 몇 개월간은 신경을 쓰지 않아도 된다는 점입니다. 또 좋은 알비료의 경우 온도에 따라 비료의 용출 정도가 달라지기 때문에 추운 날씨로 인한 휴면기에 비료로 인한 피해를 줄일 수 있습니다(낮은 온도에서는 비료가 용출되지 않는다). 몇 가지 대표적인 알비료에 대해 알아보겠습니다.

알비료는 흙에 섞어서 쓰는 것이 좋을까, 흙 위에 뿌리는 것이 좋을까?

☞ 알비료를 흙에 섞어 분갈이하면 비료 성분이 더 골고루 공급된다는 장점이 있다. 하지만 위에 올려두어도 물을 주면서 자연스럽게 삼투압 현상에 의해 비료가 용출된다. 흙 위에 뿌려주면 나중에 알비료의 교체 시점을 자연스럽게 알 수 있다는 장점이 있다. 코팅된 알비료는 비료분이 다 빠져나오면 물을 주었을 때 껍질만 둥둥 뜨거나 손으로 살짝 만져보면 파삭 깨어지기 때문에 새로운 알비료를 올려줄 시기를 알 수 있어 편리하다.

오스모코트

네덜란드 에버리스사의 제품으로, 알비료 중 최초로 식물성 콩기름으로 외부를 코팅한 제품으로 유명합니다. 다만 사용 초기에 쿰쿰한 냄새가 나는 단점이 있는데 초기에만 그렇고 비료를 뿌려준 다음에는 냄새가 나지 않습니다. 냄새에 예민하다면 분갈이할 때 흙에 적당량을 배합해서 사용해도 괜찮습니다.

온도가 낮을 때는 비료가 용출되지 않는 특성을 가지기 때문에 식물의 휴면기에 비료로 인한 피해를 막을 수 있다는 점이 장점입니다. 다만 온도가 높으면 용출량이 많아지기 때문에 고온기나 온도가 높은 환경에서는 비료의 사용량을 다소 적게 해주는 것이 좋습니다.

화분 위에 뿌려주거나 흙에 섞어서 사용할 수 있으나 비료가 다 빠져나왔는지 등을 확인하기 위해서는 위에 뿌려주는 것이 좋습니다. 비료가 나오는 기간은 환경에 따라 다르지만 4~6개월 정도 유지됩니다. 다 빠져나온 비료는 물을 주면 위로 둥둥 뜨고, 손으로 만져봤을 때 바로 부서집니다. 이때 새로운 알비료를 뿌려주면 됩니다.

멀티코트

이스라엘 하이파케미컬사에서 제조한 제품으로, 폴리머코팅을 해서 오스모코트와 동일하게 지효성이 있고, 온도에 따른 비료 용출이 되는 장점이 있습니다. 전체적으로 오스모코트와 비슷하지만, 코팅제가 달라서인지 냄새가 거의 나지 않는 점이 특징입니다. 그 외에는 사용상 차이점을 거의 느낄 수 없습니다.

그 외 알비료

온도에 따른 용출의 차이가 없이 일괄적으로 같은 양의 비료가 나오는 알비료들이 대부분입니다. 이 경우 봄철에 한 번 정도 뿌려주는 용으로는 전혀 문제가 없지만 사계절 내내 사용하게 되면 겨울철이나 식물의 휴면기에 비료로 인한 피해가 있을 수 있으니 잘 확인하여 사용해야 합니다.

액체비료

시중에 다양한 액체비료가 판매중입니다. 줄여서 '액비'라고도 합니다. 액체비료는 가루로 되어 있어 물에 녹여 사용하는 제품과 액체 상태로 되어 있어서 물에 희석해 사용하는 제품이 있습니다. 또 앰플형으로 희석되어 있는 액체를 화분에 바로 꽂는 형태의 제품도 있습니다. 액체비료의 가장 큰 장점은 효과가 빠르다는 점입니다. 일반적으로 액체비료는 토양에 뿌리는 용도로도 사용이 가능하지만 실내가드닝에서는 엽면시비, 즉 잎에 바로 뿌리는 용으로 더 많이 사용합니다. 이 경우 액체 상태의 비료 성분이 바로 잎을 통해서 흡수되기 때문에 고체비료보다 더 빨리 효과가 나타납니다. 물론 효과가 오래 지속되지는 않는 단점이 있고, 농도를 진하게 했을 경우 비료로 인한 피해가 고체비료보다 더 빠르게 나타나기 때문에 조심해서 사용해야 합니다. 그래서 안내서에 적혀 있는 비율보다 더 옅게 희석하고, 사용 간격보다 더 띄엄띄엄 희석해서 사용하는 편이 안전합니다.

가장 대표적인 액체비료는 '하이포넥스(액체형)'와 '피터스(가루형)' 등이 있습니다.

Gloster's
Home Gardening Story

Q&A

Q. 앰플형 액비를 사용하는 것은 어떤가요?
A. 앰플형은 뿌리에 바로 닿을 경우 해가 생길 수 있으므로 뿌리를 피해 꽂아주는 것이 좋습니다. 하지만 앰플형은 흙의 일부분에만 비료가 집중되는 등의 문제가 있어 앰플형보다는 원액이나 가루를 구입하여 희석하여 사용하는 것이 경제적이고 효과도 더 좋습니다.

Q. '피터스 결실형'과 같은 질소 없는 상향형 비료가 무늬 발현에 도움이 되나요?
A. 비료와 무늬와의 상관성은 과학적으로 밝혀진 바는 없습니다. 다만, 질소가 많으면 무늬가 사라진다는 이야기 때문에 질소가 적은 비료가 무늬용으로 언급됩니다. 무늬는 비료보다 유전적 특성과 빛과 같은 환경이 더 큰 영향을 미치는 경우가 많습니다. 실제로 무늬 발현 매커니즘은 식물 종류와 무늬 특성에 따라서 다양합니다(온도, 습도, 빛의 양, 기온차 등).

POINT IT!

적절하게 비료 사용하는 법

비료의 사용은 그야말로 과유불급입니다. 과하게 비료를 사용하면 새순이 녹거나 뿌리가 상하는 등의 해가 발생할 수 있습니다. 식물이 빨리 자라길 바라는 마음에 과하게 비료를 써서 잘못되는 경우가 많으니 고형 비료는 적게, 액상형 비료는 권장 희석비보다 약하게 사용하길 바랍니다. 어리거나 자리를 잘 잡지 못한 개체에는 비료를 사용하지 않는 것이 좋습니다. 식물의 성장이 왕성할 때 비료는 효과도 좋고 해도 덜합니다.

Gloster's Home Gardening Story
피할 수 없는 해충, 철저하게 방제하자

해충 예방

들인 식물 격리 시키기
식물을 새로 들이면 우선 분리하자!

분갈이하기
화원에서 구입한 식물은 바로 분갈이를 하자!

해충 방제

다이센엠
각종 세균과 바이러스를 죽이는 살균제. 희석비 1g:1000ml(다이센엠:물)

코니도입제
진딧물, 온실가루이, 뿌리파리에 효과적이다. 분갈이 후 무조건 사용!

빅카드
뿌리파리, 진딧물, 깍지벌레 등을 구제한다. 희석비 1:2000(빅카드:물)

달팽이제거제
어항용이지만 민달팽이 제거에 효과적이다.

2L 물에 안쪽 홈에 약을 가득 채워 희석한다.

외부에서 유입되는 해충

처음 식물을 키울 때 구입한 식물을 그대로 가지고 와서 키우는 경우가 많습니다. 그런데 생각보다 다양한 해충들이 식물과 함께 유입된다는 것을 뒤늦게 알게 됩니다. 민달팽이, 뿌리파리, 흰가루이, 진딧물, 응애, 총채 등 외부에서 유입된 해충이 기존에 키우던 식물들에게까지 번져나가서 당황한 경험을 한두 번쯤은 하게 됩니다. 해충을 100% 막아낼 수는 없겠지만, 이번 장에서 다루는 기본적인 방제를 스텝바이스텝으로 해주는 습관을 들인다면 해충의 발생을 상당 부분 막을 수 있습니다.

새로 들인 식물은 바로 분리하자

바로 방제 조치를 해줄 수 없는 상황이라면, 절대로 기존 식물들 사이에 새로운 식물을 두지 말고 분리된 공간에서 따로 키워야 합니다.

바로 분갈이하자

화원 등에서 직접 구입한 식물이라면 집에 돌아오자마자 바로 분갈이를 해주면 좋습니다. 가급적 기존의 흙은 최대한 제거하는 것이 좋습니다. 화원이나 농장의 특성상, 흙에 해충이 살고 있는 경우가 많기 때문에 기존 흙의 제거가 필요합니다. 실제 분갈이를 하다보면 지네, 민달팽이, 집게벌레 등 다양한 곤충이 튀어나오는 경우가 꽤 있습니다. 이렇게 눈에 보이는 해충뿐 아니라 해충의 알도 흙에 섞여 있기 때문에 흙은 최대한 털어주고, 이 흙도 바로 밀봉해서 쓰레기통에 버려야 합니다. 사실 해충뿐만 아니라 흙에 괭이밥 같은 잡초의 씨앗도 떨어져 있을 수 있습니다. 특히 상단 부위의 흙을 더 열심히 제거해야 합니다.

만약 택배로 받은 식물이라면 택배 배송 스트레스가 있기 때문에 일주일 후에 분갈이를 해주는 것이 좋습니다. 이렇게 바로 분갈이가 어려운 식물은 약물 처리를 한 뒤 별도의 공간에 분리했다가 분갈이해주면 됩니다.

농약을 활용한 약물 처리

분갈이를 한 화분에는 최소한의 방제가 필요합니다. 비록 분갈이 스트레스를 받기는 하지만 예방적 조치로 저독성 농약을 낮은 희석비로 사용하면 큰 문제는 발생하지 않습니다. '빅카드' '아주달팽이 제거제' '다이센엠' '코니도 입제'를 이용해서 방제를 할 수 있습니다.

빅카드

빅카드는 뿌리파리 유충 등 토양에 사는 각종 해충과 그 유충 그리고 줄기나 잎에 진딧물, 온실가루이, 미국선녀벌레, 깍지벌레 등을 구제합니다.

희석비는, 1ml를 2L에 희석(1:2,000)합니다. 희석된 농약을 새로 들인 식물에 관수해주고, 스프레이로 잎과 줄기를 충분히 적셔줍니다. 이렇게 한 번 빅카드를 사용한 다음, 10일 정도 간격으로 다시 한 번 관수와 분무를 해주면 좋습니다.

저독성이라고 해도 분무 시에는 반드시 환기가 잘되는 공간에서 마스크 착용하고 사용해야 합니다. 가장 좋은 것은 박스에 식물을 담아서 외부로 나간 다음 분무하는 것입니다. 농약 희석액으로 관수만 할 때는 베란다에서 해도 됩니다.

아주 달팽이 제거제

원래는 어항에 생기는 달팽이를 제거하는 용도의 약입니다. 화분 내의 민달팽이 제거에도 효과가 좋습니다. 사용 방법은 제품 안쪽에 나사선이 있는 홈에 약을 가득 채워주고, 2L 물병에 희석하는 방법으로 희석액을 만들어 관수하면 됩니다. 빅카드 관수를 하고 다음 물주기 시점에서 사용하면 됩니다.

다이센엠

다이센엠은 살균제라고도 부르는데 흙 속에 존재하는 각종 세균과 바이러스를 죽이는 역할을 합니다. 희석비는 다이센엠 1g을 물 1L에 희석(1:1,000)하면 됩니다.

실제 제품을 개봉하면 매우 미세한 가루로 되어 있습니다. 뜯을 때 잘못하면 가루가 많이 날릴 수 있으니, 아주 조심해서 개봉을 해야 하며 베란다에서 가위를 이용하여 조금만 잘라주면 됩니다.

사용 시 1g짜리 계량스푼을 사용하면 편합니다. 다이소에서 계량스푼을 구입하거나 농약을 구입할 때 농약상에 말하면 무료로 주기도 합니다. 다이센엠은 물에 희석한 다음 관수하면 되기 때문에 베란다에서 사용해도 됩니다.

코니도 입제

코니도 입제는 진딧물, 온실가루이, 뿌리파리에 지속적인 효과를 내기 때문에 분갈이 후 무조건 사용하면 좋습니다. 사용방법은 매우 간단합니다. 분갈이가 끝났을 때 작은 티스푼 한 스푼 정도를 화분의 흙 위에 올려주면 4~6개월 정도 입제가 서서히 녹아내리면서 효과를 발휘합니다. 대형 화분의 경우에는 비례하여 2~3스푼 더 사용해야 합니다.

이렇게 기본적인 방제를 해주면 외부에서의 해충이나 세균, 바이러스로 인한 문제는 많이 줄일 수 있습니다. 물론, 문을 열어놓고 키우기 때문에 자연적으로 해충이 유입되는 경우도 있지만 대부분은 외부에서 식물을 들이면서 함께 유입되는 경우가 많습니다. 기본적인 방제를 지속해준다면 많이 예방할 수 있습니다.

아직 방제를 하지 않았다면 전체 베란다를 대상으로 예방적 방제를 한 번 실시해주고, 주기적으로 예방 차원의 방역을 해주는 것도 해충이 생기기 전에 컨트롤할 수 있는 좋은 방법입니다.

Gloster's
Home Gardening Story

___

Q&A

Q. 집에 강아지도 키우고 있고 어린아이도 있어서 농약을 사용하는 것이 부담스럽습니다. 친환경적인 방법으로는 방제가 어려울까요?
A. 반려동물이나 어린아이가 있는 경우에는 일단 뿌리의 흙을 최대한 털어주고 효과는 덜하지만 '비오킬'을 추천합니다. 비오킬은 의약외품으로 약국이나 인터넷에서 모두 구입 가능합니다. 다만 비오킬로 죽지 않는 강한 해충들도 있어서 효과가 다소 약하다는 점을 유의해야 합니다.
빠르게 이동하는 해충이 아니라면 비오킬을 물에 1:1로 희석해서 사용해도 크게 문제가 없습니다. 좁은 부위에 비오킬 원액을 뿌리는 것보다 희석액을 넓게 뿌려주는 것이 더 효과적입니다. 비오킬의 주 성분은 퍼메트린인데 식물에 도포된 퍼메트린을 해충이 지나가다 접촉하면 해충의 척추가 마비되며 죽는 원리이기 때문입니다.

POINT IT!

농약과 일회용 주사기의 사용
'빅카드' 등의 액체 농약을 사용할 때는 약국에서 쉽게 구입할 수 있는 일회용 주사기를 사용하면 편리합니다. 빅키드의 경우 희석비가 1:2,000입니다. 따라서 주사기로 1ml를 뽑아내서 2L 생수병에 넣고 물을 섞어 희석해주면 됩니다.

Gloster's
Home Gardening
Story

ADVANCE
실내가드닝

식물 고수의
비밀 레시피

식물 고수의 비밀 가드닝툴
Gloster's Home Gardening Story

삽수 커팅

바케트용 빵칼
양날 면도칼을 교체하여 사용할 수 있어 삽수를 쉽고 안전하게 자를 수 있다.

일회용 단면 면도칼
한쪽 면이 손잡이로 되어 있어 안전하다. 가급적 일회용으로 사용하되, 재사용 시 알코올 등으로 소독한다.

수목보호제

기요나루
절단면의 세균침투를 막아주어 삽목시 삽수가 무르거나 잘못되는 것을 방지해준다.

양초
수목 보호제가 없을 경우 녹인 양초물을 삽수 절단면에 코팅하여 대신할 수 있다.

루팅파우더
삽수 끝에서 뿌리를 낼 경우 식물호르몬이 포함되어 있어 발근을 자극한다.

삽목용 화분

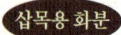

투명소주컵 화분
화분이 투명하여 삽수를 흔들어보지 않아도 발근 상황을 확인할 수 있다.

투명 커피 테이크아웃 컵
큰 삽수를 삽목할 경우, 컵 하단에 구멍을 내 삽목용으로 사용한다.

물꽂이통

알루미늄 커피통
햇볕이 들어가지 않아 물에 녹조가 끼거나 부패하는 것을 늦출 수 있고, 발근 부분이 어두워 뿌리가 더 빨리 내린다.

습기제거제통
다 쓰고 난 습기 제거제통은 뚜껑에 작은 구멍이 나 있어 여러 개의 삽수를 꽂기에 편리하다.

갈색 비타민음료병
빛 투과를 적게 하여 알루미늄 커피통과 유사한 효과가 있다. 삽수가 작을 경우 사용한다.

그 외 유용한 용품

에탄올
칼, 가위 등을 소독할 때 사용한다.

과산화수소
곰팡이 제거, 물에 희석하여 물꽂이 용액으로 사용하거나, 뿌리파리 애벌레 퇴치용으로 쓴다.

메네델
식물활력제. 물꽂이 시 약 1,000배 희석액을 만들어 사용한다.

스포이드형 물조리개
작은 식물의 물수기에 사용해도 좋고, 물꽂이에 물보충용으로도 좋다.

분재철사
식물 지지대로 사용하거나 식물에 감아서 수형 교정을 하는 데도 필수다. 굵기별로 용도가 다양하다.

피자삽발이(피자세이버)
삽목 후 삽수를 고정하거나, 수태봉을 만들 때 등 다양한 용도가 있다.

큰 포크
일반 포크의 앞부분을 굽혀서 만든다. 분갈이할 때 죽은 잔뿌리를 긁어내거나, 오래된 흙을 털어낼 때 유용하다.

플라스틱 케익칼
분갈이할 때 뿌리가 화분 벽에 붙은 경우 뿌리와 화분을 분리할 때 사용한다.

Gloster's Home Gardening Story
식물의 번식 전략 이해하면 번식이 쉽다

뿌리 찢기
모체와 분리하여 새로운 개체를
만들어내는 번식법이다.

런너 번식
고사리나 바위치처럼 줄기 일부에서 기다란
줄기가 나와 자족을 만드는 법식법이다.

줄기 번식
새 줄기의 뿌리가 흙으로
파고 들 때 가위로 중간
중간 잘라준다.

다양한 식물의 번식 방법

식물은 동물과 달리 다양한 방법으로 번식을 합니다. 식물의 생명력은 실로 놀랍습니다. 이번 장에서는 삽목 등의 방법이 아닌, 식물의 타고난 번식 전략을 활용해서 개체수를 늘리는 방법을 알아보겠습니다.

삽목과 삽수

☞ 식물의 영양기관인 가지나 잎의 일부를 잘라낸 후 땅에 다시 심어서 발근을 통해 새로운 식물을 얻어내는 무성생식 방법. 모체의 DNA가 그대로 복제되는 장점이 있다. 삽목에 사용하는 모체의 가지를 삽수라 한다.

뿌리 찢기 번식

많은 식물들이 모체에서 옆으로 자촉을 만들어 세력을 불리는 전략을 사용합니다. 이 경우 모체에서 축적된 에너지를 자촉으로 보내 자촉이 빠르게 성장할 수 있고, 그 자촉은 다시 새로운 손자촉을 만들어내게 됩니다. 이렇게 번식을 하는 대표적인 식물에는 핑크쥬얼리, 그린스플래시, 스노화이트 등 위로 뻗지 않고 옆으로 세력을 늘리는 싱고니움 품종과, 퓨전화이트와 같은 칼라데아 종(정확히는 자촉이라기보다는 생강근이 옆으로 달리는 것이지만 비슷한 개념이라 같이 보기로 한다)이나, 반딧불이 머위, 무늬 버위 등의 머위종, 보스턴 고사리, 연잎 고사리와 같은 고사리 종과 안스리움 크리스탈리넘, 휴케라, 스파티필름 등이 있습니다. 이 경우에는 뿌리 찢기라는 분리 방식으로 쉽게 번식을 할 수 있습니다. 방법은 아래와 같습니다.

1. 화분에서 식물을 분리하여 흙을 털어줍니다.
2. 자촉 중에서 비교적 성장세가 좋은 개체를 골라내어 모체와 분리시켜줍니다.
3. 이때 알코올이나 과산화수소로 소독한 예리한 칼을 이용해서 절단면을 깨끗하게 분리합니다. 잘라낸 절단면에는 세균 감염을 막기 위해 '기요나루'와 같은 수목 보호제나 삽수의 캘러스 형성과 발근(뿌리 내기)을 촉진해주는 루팅파우더를 발라주면 좋습니다.
4. 별개의 화분에 심어줍니다.

런너 번식

식물 중에서 런너(runner, 포복경, 또는 포복지라고 하며, 줄기의 일부에서 기다랗고 가는 줄기를 내어 지상을 포복한다. 그 마디에서 뿌리와 줄기를 생성하여 새 개체가 나오는 것을 말한다)를 뻗어서 런너의 끝에 자촉을 만드는 종류가 있습니다. 나비란, 보스톤 고사리나 바위취 종류가 대표적인 예입니다. 이런 종류들은 많은 런너를 사방으로 뻗고 적당한 빈 땅이 있으면 그곳에 자촉이 뿌리를 내리면서 번식을 진행합니다.

따라서 런너가 나오면 관찰을 하다가 런너 끝에 자촉이 달리면 작은 화분에 흙을 채워 그 위에 런너 끝 자촉을 올려두면 됩니다. 시간이 지나면서 뿌리가 화분 속으로 파고들고 성장이 잘되는 것을 확인하면 모체와의 런너를 잘라서 분리하면 됩니다.

기근이 발달한 식물의 번식법

제주애기모람, 무늬 병풀, 호야, 아이비, 송악 등 기근이 발달하는 식물의 경우에는 수태를 이용한 취목이나, 휘묻이 등의 방법을 사용해서 번식할 수 있습니다. 원래 자연스럽게 줄기를 땅이나 나무줄기 등에 뻗어가면서 성장을 하는 식물들이라 이 점을 활용하면 번식의 성공률을 획기적으로 높일 수 있습니다.

호야의 경우 줄기를 흙에 휘묻이를 하여 뿌리가 충분히 뻗으면 모체에서 뻗어나온 줄기 중간을 잘라 새로운 개체로 만들어줄 수 있습니다.

아이비, 송악 역시 흙에 휘묻이할 수 있으나, 아이비 품종에 따라서 기근이 착생용으로만 발달하는 경우가 있으므로 먼저 휘묻이를 해보고 뿌리가 잘 발달했는지를 확인한 다음 줄기를 잘라서 분리해주면 됩니다. 황금송악과 같은 송악 종류는 이러한 휘묻이가 잘되는 품종입니다.

흙에 휘묻이를 할 때, 줄기가 흙에서 다시 튀어나오는 경우가 있으므로 휘묻이하고자 하는 줄기를 돌로 눌러주거나, 분재철사를 U자형으로 만들어준 다음 잘 고정이 되도록 꽂아주면 됩니다.

기요나루

☞ 일본에서 만든 수목 상처 보호제의 이름. 식물 절단면에 발라 세균의 침투를 막아줄 때 사용한다. 삽목 시 삽수 절단면에도 발라주는 등 용도가 다양하다.

루팅파우더

☞ 삽목할 때 발근 촉진용으로 절단면에 묻혀 사용하는 파우더. 삽수 끝을 물에 적셨다 털어준 뒤, 루팅파우더를 충분히 발라준 다음 삽목용 포트 배지에 구멍을 내 삽수를 꽂으면 된다.

Gloster's
Home Gardening Story

Q&A

Q. 뿌리 찢기를 할 때 그냥 손으로 뜯으면 안 되나요?
A. 그냥 손으로 뿌리 찢기를 할 수도 있습니다. 다만 그 경우 뿌리 없이 윗부분만 찢어지기도 하고 뿌리가 적절히 분리되지 않는 경우가 있습니다. 그뿐 아니라 상처가 불규칙하게 생겨서 세균 감염으로 자촉이 죽거나 모체가 썩을 수도 있습니다. 그래서 가급적이면 소독된 칼로 잘라주는 것이 좋습니다.

Q. 런너 끝 자촉을 그대로 두었다가 나중에 떼내어 심으면 안 되나요?
가능합니다. 그러나 모체로부터 충분한 영양과 수분을 공급받지 못하기 때문에 영양과 수분이 부족하여 시들 수 있습니다. 가급적이면 런너가 달려 있는 상태에서 흙 위에 올려주고 자촉에서 뿌리를 충분히 받은 다음 런너를 잘라 분리시키는 것이 성공률을 높일 수 있습니다.

POINT IT!

투명 화분 사용하기
휘묻이를 할 때 투명 화분을 사용하면 뿌리가 얼마나 뻗었는지 확인이 가능해서 분리 시기를 쉽게 판단할 수 있습니다.

Gloster's Home Gardening Story
물꽂이 성공 방정식을 알아보자

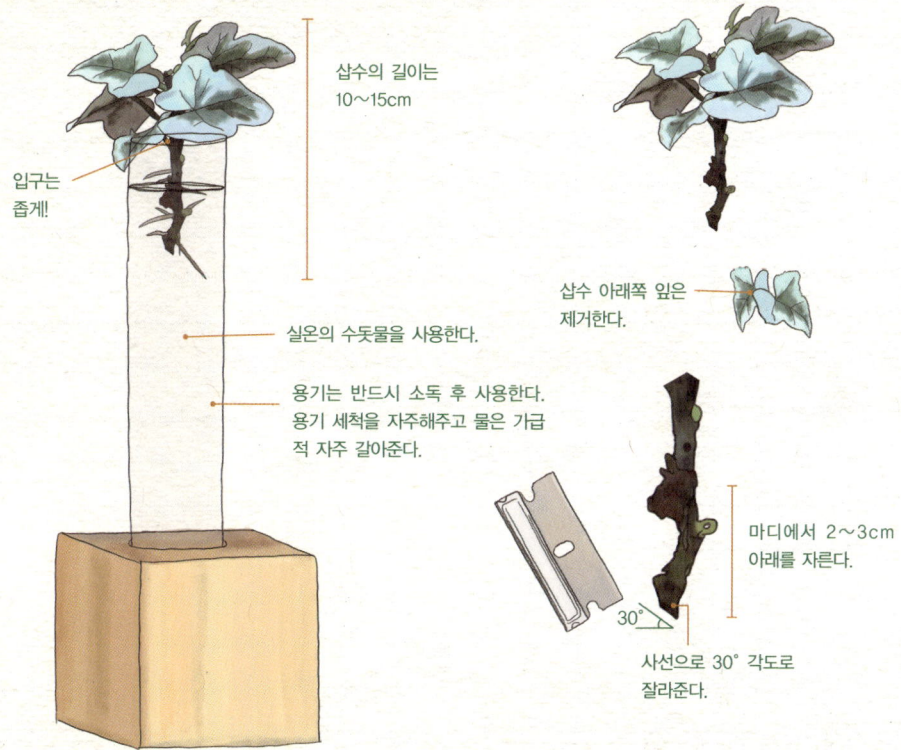

- 삽수의 길이는 10~15cm
- 입구는 좁게!
- 실온의 수돗물을 사용한다.
- 용기는 반드시 소독 후 사용한다. 용기 세척을 자주해주고 물은 가급적 자주 갈아준다.
- 삽수 아래쪽 잎은 제거한다.
- 마디에서 2~3cm 아래를 자른다.
- 사선으로 30° 각도로 잘라준다.

발근에 좋은 재료

꿀
항진균제로 역할을 한다.

사과식초
살균의 효과가 있다.

아스피린 나정
삽수의 건강을 유지시켜, 발근의 가능성을 높인다.

123

물꽂이 성공률 높이는 법

물꽂이는 특별한 노하우가 없어도 쉽게 번식을 할 수 있는 방법이라고 생각하기 쉽습니다. 하지만 물꽂이에도 성공 방정식이 있습니다. 이 공식을 잘 활용하면 물꽂이 성공률을 확실하게 높일 수 있습니다. 그럼 지금부터 하나씩 배워보겠습니다.

물꽂이에 적합한 식물 따로 있다

모든 식물이 물꽂이가 된다면 좋겠지만 실제로 물꽂이가 잘되는 식물은 정해져 있습니다. 물꽂이가 잘되는 식물은 필로덴드론 종류처럼 마디마다 기근이 있는 식물들입니다. 핑크밍스, 땡땡이 베고니아와 같은 목형 베고니아들도 물꽂이가 잘되는 편입니다.

또한 목질화되지 않은 줄기를 가진 식물은 물꽂이로 뿌리를 잘 내립니다. 허브류(민트, 로즈마리, 바질 등), 달개비, 콜레우스, 필로덴드론, 싱고니움, 아글라오네마 종도 물꽂이로 번식이 잘됩니다.

착생을 하기 위한 마디마다 기근이 생기는 아이비도 가능하지만 물꽂이가 아주 쉬운 편은 아닙니다. 반대로 율마, 짜보, 블루아이스와 같은 목질화되는 침엽수들은 물꽂이가 거의 어렵고 삽목법을 이용하여 번식하게 됩니다.

번식하고자 하는 식물이 물꽂이가 잘되는지 여부를 알기 어려울 때는 인터넷 검색을 통해 물꽂이가 가능한지 여부를 확인하고 번식을 시도하는 것이 좋습니다. 기근이 있는 대부분의 식물은 물꽂이에 적합합니다.

삽수 자르는 법

1. 새 면도칼을 사용하되, 자를 때마다 소독을 합니다. 가위, 칼 등 다양한 기구가 사용되지만, 삽수의 절단면이 가장 깨끗한 것은 면도칼입니다. 소독용 알코올이나 과산화수소로 한 번 닦아내고 사용하면 좋습니다. 삽수를 자를 때마다 소독하는 것도 줄기에 묻은 세균과 바이러스를 삽수의 절단면에 묻지 않게 하여 좋습니다.

2. 삽수는 마디에서 2~3cm 정도를 남기고 자르면 좋습니다. 기근이 있는 식물은 마디에 기근이 발달해 있기 때문입니다. 마디에서 뿌리가 난 러브체인의 경우에는 이 상태에서 더 물꽂이를 진행하여 알뿌리가 만들어지면 그때 흙에 심어주는 것이 좋습니다.

3. 삽수는 30도 각도로 잘라주는 것이 좋습니다. 물의 흡수를 잘할 수 있으면서도 세균 침투의 가능성을 줄이기 위해서입니다.

4. 삽수의 길이는 10~15cm 정도로 합니다. 하지만 식물의 크기와 종류에 따라 길이가 절대적인 것은 아닙니다. 식물의 크기를 비교해봐서 삽수의 길이는 너무 길지 않게 자르라는 뜻입니다.

5. 삽수 아래쪽에서부터 물이 잠기는 쪽의 잎은 모두 제거하는 것이 좋습니다. 물에 잠긴 잎은 쉽게 부패하므로 수질을 악화시켜서 발근이 되기 전에 삽수를 썩게 하는 경우가 많습니다. 또 잎이 너무 많이 달려 있으면 잎에 물 공급하느라 발근에 쓸 에너지가 적어져 뿌리가 늦게 내립니다. 반대로 너무 적으면 에너지 생성이 잘되지 않아 발근이 오래 걸립니다. 보통 잎은 큰 잎의 경우 2~3장이 적당하고, 작은 잎의 경우 잔가지 기준으로 5~6장만 남깁니다.

6. 꽃은 모두 제거합니다. 식물은 꽃을 피워 씨앗을 만들어 번식하려

는 본능이 있습니다. 만약 꽃을 제거하지 않으면 에너지를 모두 꽃을 피우는 데 소진하기 때문에 실제로 뿌리를 내리는 데 사용할 에너지가 부족하게 됩니다.

식물을 물에 꽂는 법

1. 물꽂이 용기는 반드시 과산화수소나 알코올, 열탕 소독 등으로 소독을 한 후 사용하세요.
2. 차갑거나 뜨거운 물을 사용하지 말고 실온의 물을 사용하세요.
3. 정수기 물을 사용하지 말고 수돗물을 사용하세요. 수돗물에는 미네랄 성분이 남아 있을 뿐 아니라 세균이 거의 없이 소독된 물이라서 물꽂이에 적합합니다.
4. 물은 가급적 매일 갈아주어 세균의 번식을 최소화하세요.
5. 유리병은 입구는 좁고 아랫부분은 넓은 것으로 사용하세요. 물이 줄어들어 삽수 줄기가 마르지 않도록 해주며, 물병이 클수록 세균 번식이 느려지는 장점이 있습니다.
6. 해가 들어오는 곳이라면 해를 차단할 수 있도록 해주세요. 물온도 상승으로 인한 세균번식, 뿌리 발근을 위해서는 어두운 것이 더 빨리 뿌리가 납니다. 커피 알루미늄캔이나 비타민 음료병 등도 활용하기에 좋습니다.

발근 체크 후 흙에 정식하자

물꽂이를 두는 장소는 밝지만 직광이 들어오지 않는 곳이 좋습니다. 일반적으로 새로운 뿌리를 받기까지는 물꽂이 후 3~4주 정도의 시간이 걸리지만 식물에 따라서 일주일 만에 뿌리가 나는 경우도 있고 한 달 이상이 걸리는 경우도 있습니다.

육안으로 확인하여 뿌리가 2~4cm 정도 나왔을 때 흙에 정식해줍니다. 물에 적응한 뿌리는 흙에 적응하지 못해 썩는 경우도 있으므로 뿌리가 너무 길어지기 전 흙에 정식해주는 것이 좋습니다.

물꽂이할 때 발근제 써야 할까?

뿌리를 새로 빚기 위해 사용하는 발근제를 사용하지 않아도 뿌리가 잘 나는 식물도 많습니다. 발근제보다 중요한 것은 삽수 절단면이 오염되지 않도록 하는 것과 깨끗한 물을 지속적으로 공급해주는 것입니다. 물론, 루팅파우더와 같은 제품을 사용하면 소독과 함께 호르몬의 변화를 통해 발근을 촉진하는 장점이 있습니다. 다양한 발근제가 있으며, 식물마다 발근제에 대한 감수성은 다릅니다(다만 물꽂이 시에는 '하이아토닉'과 같은 액체 발근제가 더 적합하다). 또 메네델과 같은 식물 활력제를 사용하면 삽수 절단면에 보호막이 생기고, 빠르게 뿌리를 내며 삽수가 잘 시들지 않는 장점이 있어 물꽂이할 때 많이 사용하기도 합니다.

분말형 발근제는 사용할 때마다 조금씩 덜어서 사용하고 남은 것은 버려야 합니다. 액체형 발근제 역시 덜어서 사용하고 남은 것은 버려야 합니다. 발근제에 삽수를 넣었다 빼는 과정을 계속하면 오히려 세균과 바이러스 덩어리를 묻히는 것과 같습니다. 발근제가 집에 없는데 꼭 써보고 싶다면 다음의 대체제도 가능합니다.

발근에 좋은 재료

꿀

꿀에 들어 있는 엔자임 효소가 발근을 촉진한다고 주장하는 가드너들도 있습니다. 하지만 꿀을 절단면에 묻힌 다음 삽목이나 삽수를 하는 것은 일종의 소독제 역할을 하고 꿀이 물 부패를 막는 효과가 더 큰 이유라고 할 수 있습니다. 꿀은 항박테리아제와 항진균제로서의 역할을 하기 때문입니다.

사과식초

1.2L의 물에 사과식초 1티스푼 비율로 희석해서 사용합니다. 이 역시 발근 효과보다는 살균 효과가 큽니다. 너무 진하게 희석하면 삽수가 죽을 수 있으니 참고하세요.

아스피린 나정

항혈전제가 아닌 진통해열제 아스피린(코팅되지 않은 나정) 500mg을 으로 잘라 1.2L 물에 녹인 뒤, 여기에 삽수를 넣고 몇 시간 동안 희석액을 흡수시킨 다음 물꽂이하는 방법도 있습니다. 아스피린에 포함된 살리실산이 식물의 병저항성을 높여주어 삽수가 더 오랫동안 건강하게 유지되기 때문에 발근 자체에 효과가 있지는 않아도 발근의 가능성을 높여줍니다.

Gloster's
Home Gardening Story

Q&A

Q. 물꽂이로 계속 키울 수 있는 식물도 있나요?
A. 흙을 이용하다보면 해충이 발생하기도 하고 과습으로 뿌리가 상하는 경험이 많아서 물꽂이(수경)로만 식물을 키우면 좋겠다는 생각을 할 수 있습니다. 물론 가능합니다. 다만 수경재배를 위해서는 수경재배용 양액(비료가 포함된 영양액)을 이용해야 합니다. 또 그냥 물보다는 물과 하이드로볼을 이용하는 것이 좋습니다. 물론 스킨답서스처럼 물꽂이만으로도 어느 정도 자라는 식물들이 있기는 하지만, 보통의 경우 물꽂이만 해서 키우면 뿌리를 통한 영양 공급이 어려워 성장이 느려지고 잎이 작아지게 됩니다.

POINT IT!
물꽂이 잘되는 계절
실내가드닝에서 물꽂이가 잘되는 계절은 의외로 겨울입니다. 겨울철 실내에서 식물등 정도를 이용하여 물꽂이를 할 때 성공률이 가장 높은 편인데, 이유는 다른 계절에 비해 낮은 실내 온도로 인해 물속 세균 번식이 줄어들기 때문입니다. 실내온도 기준으로 20도 정도를 큰 온도차 없이 유지하면 좋습니다.

■ **수경재배용 양액**
수경재배를 할 경우 식물에게 필요한 영양분을 공급할 흙이 없기 때문에 물에 영양분을 희석하여 공급함으로써 정상적인 성장을 가능하게 합니다. 다량원소와 미량원소가 골고루 섞인 다양한 수경재배용 양액을 인터넷을 통해 쉽게 구입할 수 있습니다. 물에 타는 양액은 희석비를 정확하게 지키고 산성도(pH)를 수시로 체크하면서 사용해야 합니다.

Gloster's Home Gardening Story
다양한 삽목토와 직접 만들어 쓰는 삽목분

삽목을 편하게 해주는 압축피트

피트모스 + 펄라이트
가장 많이 쓰는 삽목토. 제라늄, 아이비, 베고니아, 초코리프 등에 쓴다.

코코피트 + 펄라이트
물 빠짐이 좋은 삽목토. 허브, 국화과, 필로덴드론, 몬스테라 등에 쓴다.

투명화분은 뿌리 상태를 볼 수 있다.

마사토 + 녹소토 + 적옥토
허브, 야생화, 침엽수 등 나무 종류 삽목에 주로 쓴다.

펄라이트
물꽂이와 비슷한 삽목법으로, 물꽂이가 되는 식물이면 모두 가능하다.

삽목으로 번식하기

식물은 다양한 방법으로 번식을 할 수 있습니다. 그중 모체의 유전자를 그대로 유지하면서 번식할 수 있는 방식이 삽목입니다. 삽목법은 파종에 비해 빠른 성장을 볼 수 있는 것 또한 장점입니다.

삽목은 줄기를 잘라서 삽목토에 꽂아 뿌리와 새로운 생장점을 받는 방식을 말합니다. 특히 열대 관엽식물 중 필로덴드론속 식물들의 번식에 광범위하게 활용될 수 있습니다. 이 장에서는 대부분의 식물에게 적용될 수 있는 일반적인 삽목법을 이야기해보겠습니다.

어떤 삽목토를 사용할까?

삽목에 사용되는 배합용 흙을 삽목토라고 합니다. 삽목토는 정말 다양합니다. 피트모스, 코코피트, 펄라이트, 적옥토(초소립), 녹소토(소립), 질석 또는 여러 재료를 섞은 삽목토도 많이 활용됩니다. 삽목을 위한 제품도 나오고 있는데, 피트모스를 곱게 갈아서 부직포에 압축하여 판매하는 압축피트 등이 그 예입니다.

모든 삽목에 적합한 단 하나의 삽목토는 없으며 식물 종류와 특성에 따라 삽목토를 달리 써야 합니다. 그리고 계절에 따라서도 삽목토를 다르게 쓰는 것이 좋습니다.

삽목토는 반드시 거름기가 없고 소독된 새로운 흙을 사용해야 합니다. 재사용한다면 소독한 다음 사용해야 합니다. 잘려진 삽수의 끝에 세균이 침투하면 삽목은 실패하게 되기 때문입니다. 또한 비료는 뿌리가 없는 상태에서는 의미가 없고, 오히려 비료로 인해서 부패할 수도 있기 때문에 삽목용토는 비료가 없어야 합니다. 이를 비료가 없는 상토라고 하여 '무비상토'로 불립니다.

이 장에서는 가장 광범위하게 사용이 가능한 몇 가지의 삽목토 사용법에 대해 알아보겠습니다.

> ☞ 원래 무비상토는 비료가 없는 상토라는 뜻이고 비료만 들어 있지 않다면 다양한 배합을 모두 무비상토라는 명칭으로 부를 수 있습니다. 다만 관례적으로 코코피트 50%, 펄라이트 50%의 삽목토를 무비상토로 부르기도 합니다.

피트모스 삽목토(피트모스+펄라이트)

가장 많이 사용하는 삽목토입니다. 시판되는 상품에는 피트모스 50%와 펄라이트 50%를 섞은 피트모스 삽목토가 효과가 좋은 편입니다. 피트모스만 사용하면 물빠짐이 좋지 않는데, 펄라이트가 보완해주기 때문입니다.

피트모스 삽목토는 주로 제라늄, 아이비 종류, 베고니아 종류, 초코리프 등의 유포르비아속 식물 등에 활용하면 좋습니다. 피트모스 삽목토는 특히 날이 더워지는 시즌에 진행하는 삽목에 좋습니다. 피트모스가 약산성으로 세균 번식이 억제되는 측면이 있기 때문에 다른 삽목토에 비해 삽수의 물러짐이 덜합니다.

다만 피트모스는 건조 상태에서는 물을 잘 먹지 않기 때문에 사용 전 지퍼백 등에 피트모스 삽목토를 넣고 물을 넣어 반죽을 한 다음 삽목을 진행하면 편리합니다.

코코피트 삽목토(코코피트 50%+펄라이트 50%)

물빠짐이 좋은 삽목토로 날이 너무 덥지 않을 때 사용하면 좋습니다. 허브, 국화과, 필로덴드론, 몬스테라, 에피프레넘 등의 삽목에 주로 활용됩니다. 코코피트 삽목토를 포트에 담고 물을 주어 물흘림을 한 다음 삽수를 꽂아주면 됩니다.

녹소토+적옥토+마사토

야생화나 침엽수처럼 단단한 가지를 가진 나무 종류의 삽목에 주로 사용되는 삽목토입니다. 녹소토, 적옥토, 마사토를 한 재료만 쓰기도 하고, 세 가지를 1:1:1로 섞어서 사용하기도 합니다. 기공이 많은 알갱이 흙의 특성이 뿌리를 받을 때까지 삽수를 상하지 않게 합니다.

펄라이트

펄라이트의 경우는 물꽂이와 비슷한데, 펄라이트를 부어주고 물도 부어서 물만 자주 갈아주는 형태로 진행됩니다. 물꽂이가 되는 식물이면 모두 가능하고, 그냥 물꽂이보다 삽수가 덜 흔들리고, 뿌리 발달에 좋다고 하여 필로덴드론 등에서 많이 사용되는 삽목토입니다.

삽목 방법 가이드

삽수의 선택

삽목의 성공을 좌우하는 가장 중요한 요소는 삽수의 선택입니다. 삽수가 일단 건강해야 합니다. 시들거리는 삽수나 병으로 약해진 삽수는 성공확률이 많이 떨어집니다. 또 대부분은 녹지(아직 목질화가 덜 된 가지)가 삽목에 더 적합합니다. 세포 덩어리인 캘러스(세포 분열로 인해 발생하는 조직. 기근이나 삽수 절단면에 발생하는 캘러스는 대부분 뿌리가 된다)가 빠르게 형성되어 뿌리도 빨리 생깁니다.

삽수의 정리

식물의 품종과 사이즈 등에 따라 다르지만 일반적으로 삽수는 너무 길어도, 너무 짧아도 안 됩니다. 일반적으로는 성인 남성의 중지 길이 정도면 적당합니다. 대략 7~9cm 정도입니다(식물의 크기에 따라 길이는 달라지며, 모체의 크기를 감안해야 하므로 상대적이다). 삽수를 잘라낼 때 보통의 나무들의 경우 생장점이 살아 있는 곁가지를 잘라내는 방법을 많이 사용하고, 필로덴드론이나 몬스테라, 안스리움 등은 생장점(눈 자리)를 포함한 마디를 잘라내는 방법을 사용합니다. 또한 자를 때는 가급적 날카로운 칼로 절단면이 깨끗하게 잘리도록 합니다. 절단면이 거칠게 되면 세균의 침범이 쉬워집니다.

나무의 경우 45도 사선으로 잘라서 좀 더 넓은 단면적에서 뿌리가 생길 수 있도록 합니다. 하지만 필로덴드론의 경우에는 잘린 부위에서 뿌리가 생기는 것이 아니라, 마디에서 새로운 새순과 뿌리가 모두 생기기 때문에 절단면은 최소화시키는 것이 좋습니다.

삽수에 붙어 있는 잎의 경우, 큰 잎은 4~5장 정도를 남기되 절반 정도를 잘라줍니다. 뿌리가 없는 상태에서 잎이 다 붙어 있으면 증산작용을 하면서 수분이 많이 필요하게 되어 결국 삽수가 시들고 마르게 됩니다. 이 부분은 공중습도와도 상관이 있습니다. 공중습도가 너무 낮으면 증산작용에 의해 뿌리 없는 삽수는 말라버리게 됩니다. 그래서 습도가 높은 환경을 만들어줘야 증산작용이 덜 일어나면서 삽수가 건강한 상태를 유지할 수 있습니다. 다만 습도가 지나치게 높고 온도도 높으면 오히려 곰팡이가 생길 수 있습니다.

삽수는 비스듬히 꽂는다

잘 정리된 삽수를 선택한 삽목토에 꽂아줍니다. 삽수를 이용해서 바로 꽂아주지 말고, 젓가락 등을 이용해서 먼저 구멍을 낸 다음 삽수를 넣고 물로 다져주는 느낌으로 진행하면 됩니다. 직선보다는 사선으로 살짝 비스듬하게 꽂아주면 물올림이 좋아서 삽목 성공률이 높아집니다.

직광은 금물

빛은 밝은 간접광 정도가 좋습니다. 절대 직광에 내놓으면 안 됩니다. 온도는 식물에 따라 다르지만, 15도 내외가 적당합니다. 너무 추우면 식물이 움직이지 않고, 너무 더우면 삽수가 상합니다. 그래서 아파트 실내 환경에서는 오히려 겨울이 삽목에 적당한 시기입니다. 온도가 일정하게 유지되기 때문에 삽수가 스트레스를 적게 받고, 높지 않은 온도가 삽수를 건강하게 유지하게 합니다. 습도만 적당하게 맞춰주면 됩니다.

삽수는 don't touch

한 번 삽목을 한 다음부터는 삽수를 절대로 건드리지 않습니다. 흔들리지 않게 관리하는 것이 발근에 중요하기 때문에 물을 줄 때도 위에서 주기 보다는 저면관수로 주는 것이 좋습니다.

DIY 삽목분 만드는 법

큰 화분에 여러 개의 삽수를 꽂아서 삽목을 하기도 하지만 삽수의 컨디션에 따라 뿌리를 내는 시기와 속도가 달라서 하나의 삽수를 빼는 과정에서 다른 삽수들에게 스트레스를 줄 수 있습니다. 또 눈에 보이지 않는 화분을 사용하면 뿌리가 났는지 궁금해서 손으로 살짝 뽑아보는 과정에서 또 삽수가 스트레스를 받습니다. 원래 삽목은 한 번 하고 나면 건드리지 않고 가만히 두는 것이 좋습니다.

그래서 하나씩 개별 삽목을 하는 것이 좋고 투명한 화분이면 더 좋습니다. 이런 화분은 이미 기성품이 있기는 하지만, 직접 만들어 쓰는 방법을 통해 저렴하게 실용적인 삽목분을 만들 수 있습니다.

다회용 소주컵 아래에 구멍을 뚫어줍니다. 큰 구멍 하나보다는 작은 구멍 여러 개를 내는 것이 더 좋습니다. 이 구멍은 송곳, 불에 달군 송곳, 드릴, 전기 인두 등을 이용해서 만들 수 있습니다. 개인적으로는 드릴을 활용하는 것이 냄새가 나지 않기에 추천합니다.

1

다회용 소주컵을 준비한다.

2

아래에 작은 구멍 여러 개를 뚫는다. 송곳, 드릴이 좋다.

3

삽수를 먼저 자리 잡고 삽목토를 채운다. 뿌리 상태를 확인할 수 있어 유용하다.

Gloster's
Home Gardening Story

Q&A

Q. 삽목이 잘되는 식물과 잘되지 않는 식물이 따로 있나요?
A. 네, 일반적으로 기근이 발달한 식물, 물꽂이가 잘되는 식물 등은 삽목이 잘됩니다. 그에 비해 침엽수의 삽목은 생각보다 어렵습니다. 딱딱한 가지의 식물도 어려운 편입니다. 열대식물들, 넝쿨성 식물, 허브류, 제라늄, 아이비도 삽목이 잘되는 편이나, 계절과 삽수의 컨디션에 따라서 성공률은 달라집니다.

Q. 삽목 중에는 물은 어떻게 주는 것이 좋나요?
A. 물을 위에서 뿌려주면 삽수가 쉽게 흔들릴 수 있어서 바스켓 등에 담아둔 상태에서 저면관수를 해주는 것이 좋습니다(삽목 중에는 절대로 삽수를 건드리면 안 된다). 다만 계속 물에 잠겨 있으면 안 되기 때문에 물을 빨아들일 정도만 저면관수를 통해 공급합니다.

POINT IT!

삽목하기 좋은 계절
실내가드닝에서 삽목 적기는 대체적으로 날이 추워지는 겨울에서 3월까지가 좋습니다. 물론 그 이후에도 성공은 하지만, 온도가 높아지면서 삽수가 상하는 일이 빈번하게 발생합니다. 특히 아이비(송악), 제라늄 등은 겨울 삽목이 잘됩니다. 그에 비해 필로덴드론, 몬스테라 등의 열대 식물은 한여름만 제외하고는 삽목이 잘됩니다.

Gloster's Home Gardening Story
잎 한 장으로 새로운 개체를 만들어보자

베고니아 잎 번식하기

잎으로 번식이 가능한 식물들에는 다육식물과 베고니아 등이 대표적입니다. 다육식물의 경우에는 잎을 뜯어서 흙 위에 올려두면 알아서 뿌리와 새로운 생장점이 발생하기 때문에 사실상 번식 방법이 따로 필요가 없습니다. 그래서 이 장에서는 베고니아의 잎 번식 방법을 알아보겠습니다.

1. 잎꽂이용 용기를 준비합니다. 잎꽂이용 용기는 밀폐가 기본으로 돼야 하고 나중에 새잎들이 나와서 자라는 것을 감안하여 용기의 깊이가 너무 낮아서는 안 됩니다. 중간 사이즈 정도의 리빙박스 사용을 추천합니다.
2. 용기에 녹소토나 휴가토(난석)를 골고루 깔아 배수층을 만들어줍니다.
3. 그 위에 훈탄을 골고루 뿌려 덮어줍니다. 훈탄은 두껍게 까는 것이 아니라 아주 얇게만 깔아주면 됩니다. 훈탄을 깔아주는 이유는 베고니아는 약산성의 토양을 좋아하기 때문에 소독과 약산성의 산도를 유지해주기 위해서입니다.
4. 그 위에 상토 + 녹소토 믹스한 흙을 올려줍니다.
5. 수태를 한 겹 깔아줍니다. 수태는 길게 쓰는 것보다 잘게 잘라서 사용하는 것이 좋습니다. 잘게 자르지 않으면 정식을 해줄 때 뿌리에서 수태를 떼어내기가 어렵습니다.
6. 잎을 올려줍니다. 잎은 잎줄기가 수태에 닿게 올려도 되고, 잎을 자른 다음 잎맥의 절단면이 수태에 잘 닿게 올려도 됩니다. 이 방

법은 잎맥꽂이라고도 부르는 번식법인데, 주로 루즈베고니아와 같이 두꺼운 잎을 가진 베고니아에 유용합니다.

너무 빛이 많은 곳을 피합니다. 온도가 10도 내외로 유지되고 기온 차이가 너무 크지 않은 곳에 두고 하루에 한 번 1~2분 정도 뚜껑을 열어 환기를 해주면서 기다립니다. 용기의 뚜껑에 물이 고였다가 아래로 떨어지면서 잎에 물이 고이면 잎이 부패할 수 있습니다. 뚜껑을 열 때는 물방울이 떨어지지 않게 조심하여 맺혀 있는 물방울을 제거해줍니다. 시간이 지나며 수태에 물이 말랐다고 생각되면 잎 위로 물을 주지 말고 배수층에 물이 들어가게 가장자리에 물을 조금 부어주는 정도로 보충해줍니다. 한두 달이 지나면 새로운 잎들이 나오기 시작합니다. 잎맥을 자르지 않고 통으로 잎꽂이를 했을 때 새잎이 나오는 위치는 줄기나 줄기와 붙은 잎의 중심점입니다.

베고니아 잎꽂이 후 정식하기

잎꽂이를 성공하고도 정식에서 실패하는 경우가 생각보다 많습니다. 특히 베고니아의 뿌리는 굵은 뿌리가 아니라 대부분 아주 얇은 실뿌리가 많기 때문에, 정식 후 뿌리가 녹는 경우가 많습니다.

정식을 할 때는 뿌리에 붙은 수태를 제거하는 것이 중요합니다. 수태가 그대로 붙어 있으면, 과습으로 뿌리가 썩거나 줄기 부분이 한 번에 무를 수 있습니다. 그래서 수태만을 이용한 잎꽂이보다 아래에 흙을 깔고 수태를 한 겹 얇게 깐 방식이 정식했을 때 뿌리가 흙에 빨리 적응합니다.

정식 방법

잎꽂이 후 생장점이 터져 번식이 된 베고니아를 리빙박스에서 분리할 때는 아래에서부터 위로 퍼올리듯 하고, 다른 개체들과 뿌리가 서로 얽혀 있는 경우가 많기 때문에 억지로 떼어내지 말고 함께 덜어내서 분리하면 됩니다.

1. 전체적으로 뿌리가 수태, 상토, 훈탄까지 퍼져 있습니다. 수태를 그대로 심지 않고, 가급적 뿌리가 상하지 않게 수태를 살살 제거해줍니다.
2. 아래에는 배수층으로 코코칩을 깔고 약간의 베고니아용 배양토를 올립니다.

베고니아용 배양토 비율

☞ 상토 70% + 펄라이트 10% + 녹소토 10% + 훈탄 5% + 잘게 자른 수태 5%
베고니아는 약산성을 좋아하므로 전체적으로 pH를 맞춘다.

3. 수태를 적당히 제거한 베고니아 뿌리를 넣어줍니다. 수태를 100% 제거할 수도 없고, 그럴 필요도 없습니다. 모두 제거하려면 뿌리가 다 상할 수 있습니다. 약간 남아 있어도 큰 문제는 없습니다.
4. 흙을 채우고 물을 주면 마무리됩니다.

정식 후 어떻게 관리할까?

정식 후 바로 실습에 내놓으면 적응하지 못하고 잎이 시들거나 타기도 합니다. 또 적응을 했다고 해도 평소 베고니아 습도가 늘 관건입니다. 제가 사용하는 방법을 소개하겠습니다.

1. 먼저 높이가 조금 있는 리빙박스를 구하세요.
2. 1L 정도의 마사토 대립(세척된 마사토)을 한 층 깔아줍니다.
3. 그 위에 황토볼 1L를 올려줍니다. 황토볼이 아니어도 다육볼, 녹소토 대립, 휴가토 대립, 펄라이트 대립, 하이드로볼을 사용해도 됩니다. 이 중 아무것도 없으면 그냥 두껍게 세척 마사토를 써도 됩니다.
4. 정식한 베고니아 화분을 올려줍니다. 앞부분에는 물을 부어줄 공간을 조금 남겨둔 뒤 뚜껑을 닫아줍니다. 처음에만 뚜껑을 닫아주고 조금씩 오픈을 하면서 실습에 적응시킵니다. 습도가 많이 낮은 곳에서는 그냥 뚜껑을 닫아서 키울 수도 있습니다.

tip. 베고니아 화분 자체에 수분이 많기 때문에 처음에는 황토볼에 물을 부어주지 않습니다. 그렇게 하면 황토볼이 오히려 화분의 수분을 흡수해 정식 초기의 과습으로 인한 문제를 줄여줄 수 있습니다.

Gloster's
Home Gardening Story

Q&A

Q. 과습이 잘 오지 않는 베고니아 물주기 방법이 있나요?
A. 베고니아는 과습을 조심해야 하기 때문에 잎이 살짝 쳐지는 것을 보고 물을 주는 것이 좋습니다. 잎이 쳐져도 물주면 금방 탱탱해지기 때문에 약간의 건조는 걱정하지 않아도 됩니다.

Q. 리빙박스는 너무 부담스러워요. 잎꽂이를 간단하게 할 수 있는 방법은 없나요?
A. 베고니아의 수가 많지 않거나 개별적으로 번식을 하고 싶을 때 사용할 수 있는 방법은 투명 커피 테이크아웃 컵입니다. 위에 설명된 방법대로 아래 배수층과 흙, 잘게 자른 수태를 올려주고, 잎 한 장을 꽂아두면 번식이 가능합니다. 다만 뚜껑에 뚫린 구멍은 박스테이프 등으로 막아서 밀폐를 시키는 것이 좋습니다.

Q. 목베고니아(줄기가 자라는 베고니아)의 경우에도 잎꽂이가 되나요?
A. 목베고니아의 잎꽂이도 가능합니다. 다만 가능하다면 줄기를 잘라서 줄기 삽목을 하는 것을 추천합니다. 목베고니아 잎꽂이의 경우 시간이 오래 걸리고 간혹 뿌리만 무성하고 새순이 나지 않는 경우도 있기 때문입니다.
목베고니아의 줄기 삽목은 마디 부분에서 새로운 생장점이 터지기 때문에 마디와 마디 사이를 소독된 칼로 잘라서 살짝 말린 다음 피트모스 삽목토에 심어주면 됩니다. 심은 다음 실습이나 온실에 넣고 기다리면 됩니다.

POINT IT!

잎꽂이 성공 확률 높이는 법
잎꽂이를 위한 잎은 건강하고 컨디션이 좋은 개체의 잎일수록 성공 확률이 높아집니다. 시들고 있거나 곰팡이가 생긴 잎은 잘되지 않습니다. 잎은 자르지 않고 바로 사용하는 것이 성공 확률이 높지만, 너무 크다면 잘라서 사용하면 됩니다. 자를 때는 반드시 소독된 칼을 사용해야 합니다. 가까워지기 때문에 식물이 받는 스트레스를 줄일 수 있습니다.

정식 후 물주는 법
먼저 화분에 물을 주고, 물구멍으로 흘러나오는 물의 양이 아래 깔아준 마사, 황토볼 두께의 2/3를 넘지 않게 해줍니다. 물이 넘실거릴 정도로 많다면 꼭 제거해줘야 하는데, 아래에 황토볼 등이 있어 물을 빼기가 진짜 어렵습니다. 그렇기 때문에 조금씩 살펴보면서 물주기를 권합니다. 물이 넘치게 많이 부어지면 결국 저면관수를 계속 해주는 효과와 동일하므로 식물이 과습으로 죽게 됩니다. 그러니 물을 과하게 주지 말고, 물이 다 빠져나간 다음 옆에서 보고 마사+황토볼 두께의 2/3나 1/2 정도로 물이 유지되게 해주면 뚜껑을 열어놓아도 습도가 높아집니다. 습도를 높이는 데 도움이 많이 되는 방법입니다.

Gloster's Home Gardening Story
필로덴드론이 인기 있는 이유

실내에서 잘 자라고, 플랜테리어로 좋은 식물! 넓은 잎을 가지고 있어 공기 정화능력 탁월하다. 480종이 넘는 다양한 품종!

크리퍼
땅을 기며 자라는 스타일이다. 글로리오섬, 파스타짜넘 등이 있다.

셀프 헤딩
기대지 않고 직립하는 스타일이다. 콩고, 버킨, 문라이트 등이 있다.

클라이머
나무에 타고 오르는 스타일이다. 베루코섬, 멜라노크리섬 등이 있다.

실내에서 잘 자라고, 플랜테리어로서 포인트 굿!

전 세계적으로 필로덴드론 식물들의 인기가 식지 않고 있습니다. 이렇게 인기가 지속되는 이유는 무엇일까요? 필로덴드론속 식물 중에는 중남미 열대 우림의 하층부에 살면서 비교적 강하지 않은 빛으로도 성장할 수 있는 품종이 많습니다. 따라서 겨울철 동면만 신경 쓰면 아파트 환경에서도 잘 자라는 편입니다. 즉, 초보자들도 키우기 어렵지 않다는 장점이 있습니다.

뿐만 아니라 필로덴드론속에 잎이 크고 독특한 형태나 색상을 가진 품종이 많기 때문에 관엽식물로서도 매우 적합하여 플랜테리어로서의 활용성도 높습니다.

탁월한 공기 정화 능력

넓은 잎을 가지고 있는 필로덴드론속 식물들은 공기정화 능력도 뛰어나다고 알려져 있습니다. 각종 유해 물질을 흡수하고 산소를 내놓기 때문에 미세먼지나 공기오염에 예민한 소비자들에게 인기가 좋습니다.

다양한 품종, 희소성 있는 품종의 지속적 공급

필로덴드론에 속한 식물은 480종이 넘습니다. 이렇게 많은 품종이 모두 실내가드닝에 적합한 것은 아니지만 상당히 많은 품종이 실내에서 키우기에 무리가 없습니다. 전 세계적으로도 매우 희귀한 품종인 경우, 또는 무늬종의 경우에는 무늬가 없는 같은 품종에 비해 희소 가치가 있어 높은 가격대를 형성하고 있습니다. 이러한 희소성 역시 가드너들에게는 키우는 재미를 주는 요소입니다.

쉬운 번식으로 식테크 가능

필로덴드론속 식물들은 대부분 기근을 가진 마디 구조로 되어 있어 삽수를 내기도 쉽고, 삽수에서 새로운 새순을 받기도 쉬운 편입니다. 물론 수입이 될 때는 기근이 모두 제거된 상태로 수입이 되기 때문에 순화에 다소 시간이 걸리고 어렵지만, 국내에서 번식될 경우에는 보다 쉽게 번식이 됩니다. 이런 특성 때문에 희소성 있는 필로덴드론의 경우에는 실내가드닝을 통해서 번식을 한 다음 이를 개인이 분양해 되팔기도 합니다. 이를 통해 수익을 내는 가드너가 많아졌습니다.

Gloster's
Home Gardening Story

Q&A

Q. 필로덴드론은 다 비슷하게 생겼나요?
필로덴드론은 크게 3개의 계통이 있습니다.
첫째, 셀프 헤딩(Self heading) 계통은 어딘가에 기대지 않고 스스로 하늘을 바라보고 직립하며 자라는 스타일입니다. 흔히 볼 수 있는 문라이트, 콩고 등이 이런 품종입니다.
둘째, 클라이머(Climber) 계통은 나무에 올라타 위로 자라는 스타일입니다. 베루코섬, 멜라노크리섬, 소디로이, 마제스틱, 미칸, 기가스 등 많은 품종이 여기에 속해 있습니다.
셋째, 크리퍼(Creeper) 계통은 땅을 기어 다니면서 자라는 스타일입니다. 글로리오섬, 파스타짜넘, 마메이, 플로우마니 등이 이런 품종입니다.

POINT IT!

필로덴드론 크게 키우는 법
클라이머에게는 코코넛봉이나 수태봉을 제공하고, 크리퍼는 길쭉한 화분에 심어서 키우면 더 크고 아름다운 잎을 볼 수 있습니다. 화분의 크기를 다른 식물에 비해 조금 더 크게 쓰고, 뿌리의 성장에 따라 분갈이를 자주해면 좋습니다. 온도를 20도 이상, 습도는 65% 이상(70~90%면 더 좋다), 유리창을 통과한 간접광을 최대한 보여주고, 알비료와 액비를 적절하게 공급해주면 잎이 하나 나올 때마다 점점 잎이 커지는 경험을 할 수 있습니다.

Gloster's Home Gardening Story
필로덴드론속 식물 케어 방법

- 온습도 : 최저 15도 이하로 내려가지 않도록 관리, 습도 65% 이상 유지하면 좋다.
- 빛 : 간접광에 높은 광량을 좋아한다.
- 흙 : 코코피트 50%+펄라이트 50% 또는 일반상토 70%+배수제(녹소토+펄라이트+난석) 30%
- 물 : 성장기엔 겉흙 말랐을 때, 성장 느릴 땐 성장기보다 물 주기를 길게 가져간다.
- 비료 : 알비료를 얹어주거나 한 달에 한두 번 액비를 권장량의 2배로 희석하여 엽면시비한다.
- 병해충 : 응애가 자주 발생하는 경우가 많으므로, 통풍에 주의하고 물 샤워를 하거나 난황유희석액을 사용한다.

필로덴드론이 좋아하는 환경

필로덴드론의 원산지 환경을 보면, 품종별로 약간의 차이는 있습니다. 그러나 대체로 높은 온도와 높은 습도, 풍부한 광량, 원활한 통풍, 크지 않은 일교차, 배수가 잘되면서 영양분이 풍부한 흙, 충분한 물 공급 등의 환경을 구현해주는 것이 좋습니다.

온습도

우리나라 여름의 고온 다습한 환경은 특별한 관리가 필요 없을 정도로 필로덴드론에 적합합니다. 하지만 그 외의 계절에는 온도 관리가 매우 중요합니다. 특히 겨울철 월동이 어려운 편입니다. 최저 온도가 15도 이하로 내려가지 않도록 관리해야 하며 초봄과 늦가을도 이 기준에 맞춰야 합니다. 베란다에 일교차도 심하지 않게 해줘야 하므로 베란다 월동은 사실상 어렵습니다. 그래서 겨울에는 실내에 두고 식물등으로 웃자람을 줄여주면서 온도를 높여서 키우는 것이 좋습니다.

습도 역시 여름을 제외하고는 연중 낮은 편이라 겨울에는 가습기가 필요합니다. 습도는 대체로 65% 이상을 유지시켜주면 식물에게 가장 좋습니다. 만약 같은 공간에서 습도를 높이고 싶다면 실내가드닝용 온실을 구입하여 활용하면 됩니다. 다만 습도는 적응을 통해 어느 정도 극복이 되는 측면이 있다는 점도 함께 고려해야 합니다. 기간이 오래 걸리더라도 낮은 습도에 적응을 시키면 그 뒤로는 잘 자라는 품종도 있습니다.

빛

필로덴드론은 간접광으로 높은 광량을 좋아합니다. 파스타짜넘, 글로리오섬, 파라이소 베르디 등은 남향 아파트의 베란다 걸이대에서 직광으로 키워도 잘 클 정도입니다. 대부분의 필로덴드론속 식물들의 경우 유리창을 통과한 빛을 그대로 받을 때 성장이 빠른 편입니다. 적은 빛으로 견디는 것과 건강하게 잘 자라는 것은 확연한 차이가 있습니다. 필로덴드론속 식물들이 다른 식물들에 비해 적은 빛으로도 견뎌내고 덜 웃자라기는 하지만, 햇볕을 받는 것과 식물등으로 키우는 것은 확실한 차이를 보여줍니다. 아무리 비싸고 좋은 식물등이라고 해도 햇볕을 대체할 수는 없습니다.

흙

흙은 배수가 잘되는 흙이 좋습니다. 배수가 잘 안 되는 흙은 뿌리를 쉽게 썩게 만들기 때문입니다. 일반상토에 녹소토, 펄라이트, 난석과 같은 배수제를 30% 정도 더 섞어주는 것을 추천하며, 시중에 판매되는 상토 중 '코코피트 50% + 펄라이트 50%' 제품을 그대로 사용하고 위에 알비료를 첨가해주는 것도 좋습니다.

물

성장기에는 배수가 잘되는 흙에 심으면 겉흙이 말랐을 때 물을 주면 됩니다. 성장이 느린 시기에는 성장기에 비해 조금 건조하게 물을 주면 됩니다.

비료

무늬가 없는 필로덴드론은 비료를 충분히 주어야 성장이 빨라집니다.

알비료를 얹어주고 한 달에 한두 번 정도 액비를 권장량의 2배로 희석하여 엽면시비를 해줍니다. 다만 무늬종일 경우에는 비료를 조금 적게 쓰거나 '피터스 결실용' 비료를 사용하면 됩니다.

병해충

필로덴드론 종류는 다른 식물에 비해 병해충에 강한 편입니다. 그럼에도 불구하고 필로덴드론에 가장 흔한 병해충이라면 응애라고 할 수 있습니다. 응애의 발생을 억제하기 위해서는 물을 줄 때 물 샤워를 시켜주는 것이 좋고(안 되면 물티슈로 자주 닦아준다), 통풍을 원활하게 해주는 것이 좋습니다. 특히 파스타짜넘, 글로리오섬, 플로우마니 등은 응애 발생이 잦은 편이므로 특별히 신경을 써서 관리해주어야 합니다.

Gloster's
Home Gardening Story

Q&A

Q. 필로덴드론속 식물들이 키가 계속 크면 어떻게 해야 하나요?
A. 열대 우림에서 키가 계속 자랄 수 있는 환경과는 다르기 때문에 키가 일정 길이 이상으로 크면 대부분은 마디를 잘라서 번식하면 됩니다. 필로덴드론속 식물들의 번식법은 다음 장에서 자세히 다루겠습니다.

Q. 필로덴드론속 식물 중 본잎과 떡잎의 모양이 다른 경우가 있는데, 본잎이 빨리 나오게 할 수 있는 방법은 없나요?
A. 본잎을 보기 위해서는 식물이 어느 정도 성장을 해야 합니다. 이때는 줄기를 자꾸 자르지 말고 최대한 길게 위로 자라게 하면 어느 시점부터 본잎의 모양을 갖춰가는 것을 볼 수 있습니다. 환경을 잘 맞춰 세력을 좋게 해주면 본잎은 더 빨리 나옵니다.

POINT IT!

필로덴드론 구입 요령

불가피하게 삽수를 구입해야 한다면 삽수 잎의 무늬가 산반무늬일 때 실패할 확률이 적습니다. 무늬가 뚜렷하게 구분된 하프문 스타일의 반반무늬는 순화 시 무늬가 없는 무지 잎이 나오거나 잎에 엽록소가 하나도 없이 하얗게 나오는 '고스트 잎'이 나올 수도 있습니다.

또한 잎 외에도 줄기에 무늬가 잘 들어가 있는지도 함께 보아야 합니다. 줄기에 무늬가 골고루 뻗어 있다면 조금 더 좋은 무늬의 새잎을 기대할 수 있습니다. 만약 민무늬 품종이라면 무늬 변수가 없으므로 조금 더 저렴한 삽수를 구입하는 것도 좋습니다.

다만 삽수 구입 시에도 기근이 마르지 않고 새눈이 나올 눈 자리가 확인된 삽수를 구입하는 것이 좋습니다. 눈 자리가 없다면 성장점을 가지고 있지 않아서 새 잎은 못 내고 뿌리만 가득해지는 이른바 '좀비 삽수'가 될 수 있습니다.

Gloster's Home Gardening Story
필로덴드론 번식 꿀팁

PHILODENDRON BURLE MAX VARIEGATA

물꽂이
물갈이 자주하고, 간접광에 둔다. 새 뿌리가 나와서 길이가 4~5cm 되면 흙에 정식한다.

삽목
무비상토(펄라이트 50%+코코피트 50%)에 삽수를 넣고 흙을 담는다. 온실 순환이 좋다.

수태꽂이
투명 슬릿분이나 투명 커피 테이크아웃 컵이 좋다. 마디에 붙은 기근은 반드시 수태에 감싸 있어야 한다. 온실에 넣어두면 더 빨리 뿌리를 내린다.

삽수 자르는 법

- 번식 목적이면 약간 웃자라게 해도 된다.
- 1마디 단위로 자른다.
- 삽목의 삽수는 절단면에 수목보호제를 코팅한다. 또는 촛농에 살짝 담근다.
- 바게트용 빵칼로 절단하면 편하다.

번식이 용이한 필로덴드론

필로덴드론은 대부분 여러 개의 마디를 가지고 있고, 잎 한 장을 낼 때마다 마디 수도 같이 늘어납니다. 게다가 모든 마디에는 기근이 있어서 이 기근을 이용하여 나무를 타고 올라가거나 땅속에 뿌리를 내리기도 합니다.

필로덴드론 번식은 이 마디를 분리하여 새로운 생장점을 받는 과정이라고 볼 수 있습니다. 다른 식물들에 비해 번식이 쉬운 편이기 때문에 정확한 방법만 안다면 누구나 쉽게 번식에 도전할 수 있습니다.

삽수 절단 방법

잘 자란 필로덴드론을 우선 해체해야 합니다. 마디가 조금 긴 편이 번식에는 더 유리합니다. 필로덴드론 빌리에티에처럼 마디가 촘촘하게 자라는 종도 있는데, 마디가 너무 짧으면 한 마디씩 자르기보다는 2~3마디 정도 단위로 잘라주면 됩니다. 그래서 번식을 목표로 한다면 빛을 조금 덜 보여주면서 살짝 웃자라듯 자라게 하는 것이 유리합니다.

줄기를 자세히 보면 새눈이 올라올 새눈 자리가 보이는 경우가 있습니다. 이 부분이 손상되지 않도록 잘라주면 됩니다. 보이지 않더라도 마디 중간을 잘라주면 대부분은 큰 문제가 없습니다.

일반 커터칼을 알코올로 소독한 다음 사용해도 되지만 단면 면도칼을 이용하거나 조금 더 정교한 작업이 필요하다면 바게트용 빵칼을 사용하면 좋습니다. 이 빵칼은 양면 면도날을 교체해주는 방식으로 되어 있는데, 절삭력이 우수하고 칼 자체가 얇아서 편리합니다. 자를 때는 비스듬히 자르지 말고 직각으로 절단면이 최소화되게 잘라주면 절단면의 세균 침투 등의 가능성을 줄여줍니다.

자른 삽수의 처리

자른 삽수에서는 수액이 떨어지는 경우가 대부분입니다. 신문지 등을 준비해서 자른 삽수를 올려둔 다음 수액이 어느 정도 마르기까지 기다리면 됩니다. 이후 삽수의 처리는 물꽂이를 할 것인지 아니면 삽목(수태꽂이 포함)을 할 것인지에 따라 다릅니다.

물꽂이를 위한 삽수의 처리 방법

물꽂이의 경우에는 절단면의 수관을 통해 물을 공급해야 하기 때문에 절단면 처리를 하지 않습니다. 그보다는 물을 가급적 자주 갈아주고, 물에 약간의 과산화수소를 희석해 물속의 세균번식을 막아주는 것이 중요합니다.

삽목을 위한 삽수의 처리 방법

절단한 삽수의 수액이 마르면 절단면에 '기요나루' 등의 수목보호제를 코팅해주면 좀더 안전합니다. 대부분의 수목보호제는 굳는 데 시간이 걸리기 때문에 아주 얇게 발라주고 2번 이상 덧발라주는 것이 좋습니다. 또한 바르고 난 다음 어느 정도 굳게 놓아둬야 하는데, 일반적으로는 하루 정도가 소요됩니다.

수목보호제가 없다면 양초를 이용해도 됩니다. 녹인 양초에 절단면을 살짝 담갔다 빼면 순간 열에 의해서 절단면이 소독되고 양초 코팅이 되어 외부의 세균 침투를 막아주기도 합니다.

뿌리와 새순 받기

물꽂이

물꽂이의 경우에는 물을 자주 갈아주면서 간접광에 놓아두면 새순 자리에 새순이 돋고 기근에서 실뿌리가 터져 나옵니다. 너무 오래 물꽂이를 하지 말고 새 뿌리가 잘 나왔으면 흙에 심어서 새순에서 새로운 잎과 줄기가 나오도록 관리해줍니다.

수태꽂이

수태꽂이는 건조된 수태를 물에 담가서 물을 충분히 머금으면 손으로 살짝 짠 뒤 물기를 제거합니다. 그다음 투명 슬릿분이나 투명 커피 테이크아웃 컵에 수태와 함께 삽수를 꽂아주면 됩니다. 이때 마디에 붙은 기근에 새순이 올라오면서 뿌리가 나기 때문에 마디가 반드시 수태에 감싸져 있어야 합니다. 하나의 삽수에 하나의 화분을 사용하는 것이 제일 좋지만, 공간이 부족할 때는 간격을 두고 3~4개 정도의 삽수를 하나의 화분에 꽂아도 됩니다. 다만 중간 중간 확인해서 서로 뿌리가 얽히지 않도록 적당한 시기에 분리하여 정식해주는 것이 좋습니다. 수태꽂이를 한 다음 여름에는 베란다 상온에 둬도 좋지만, 나머지 계절에는 습도와 온도를 맞춰주기 위해 아크릴이나 유리로 만들어진 온실에 넣어두면 더 빨리 새순과 뿌리를 냅니다.

삽목

흙에 삽목할 때는 일반상토보다는 배수제가 많이 섞여 있는 무비상토

(펄라이트 50%＋코코피트 50%)를 활용합니다. 무비상토에 꽂을 때도 흙을 먼저 담고 삽수를 꽂는 것이 아니라 삽수를 화분에 넣고 그 이후에 흙을 담아주는 것이 좋습니다. 이때 삽수는 한 손으로 들고, 나머지 손으로 흙을 채워주면 됩니다. 흙을 채워준 다음 맑은 물이 화분 물구멍으로 나올 때까지 물을 충분히 줍니다.

삽목을 했을 때도 가급적이면 온실에 넣어서 순화를 하는 것이 좋습니다. 물꽂이와 달리 물의 공급이 원활하지 않기 때문에 공중습도가 높아야 잎이 시들지 않고 스트레스도 덜 받아 뿌리를 잘 내립니다. 간접광이 있는 곳에서 뿌리를 받고 새순과 뿌리가 충분히 나오면 그때부터는 실습에서 순화를 시켜도 됩니다.

Gloster's
Home Gardening Story

Q&A

Q. 필로덴드론 중 크리퍼 계통도 클라이머 계통과 비슷하게 번식하면 되나요?
A. 글로리오섬, 파스타짜넘, 플로우마니와 같이 땅을 기면서 성장하는 크리퍼 계통의 경우에도 비슷하게 번식할 수 있습니다. 하지만 더 효율적인 방법이 있습니다. 긴 화분에서 땅을 기어 다니면서 성장을 하게 한 다음 줄기의 마디 마디를 커터칼로 잘라주면 됩니다. 커터칼로 잘라주면 각 마디에 있는 생장점에서 새순이 터져 나오기 때문에 새순이 어느 정도 나왔을 때 화분에서 식물을 분리해서 별도의 화분에 각각 심어주면 됩니다. 이미 뿌리가 충분히 있는 상태이기 때문에 새순도 빨리 터지고 잘못될 가능성이 줄어드는 안전한 방법입니다. 다만 자르고 난 다음 절단면에 세균 침투가 되지 않도록 흙이 묻지 않게 해주고, 절단면에 수목 보호제나 루팅파우더를 발라주면 더 좋습니다.

Q. 탑삽수는 왜 분양가가 더 비싼가요?
A. 탑삽수란 삽수 개체의 맨 윗 부분을 말합니다. 필로덴드론은 위로 올라갈수록 혹은 옆으로 길어질수록 잎이 커지고 줄기도 굵어집니다. 원산지에서는 계속 위로 올라갈 수 있거나 옆으로 뻗어나갈 수 있는 환경이 제공되지만 우리 환경에서는 천장에 닿는다던지 화분에 넘치는 등의 제한이 있기 마련입니다. 그래서 삽수를 잘라서 번식도 하고, 새롭게 시작하는 것인데, 탑삽수의 경우 가장 줄기가 굵고 잎이 크기 때문에 대부분 분양을 하지 않고 원소유자가 키우는 경우가 많습니다. 그래서 탑삽수는 더 비싸고 귀한 취급을 받습니다.

Gloster's
Home Gardening Story

___

> **POINT IT!**

필로덴드론 빠르게 번식하는 법

좀더 쉽고 빠른 번식을 위해 수태봉을 사용하거나 수태를 활용한 취목을 할 수 있습니다. 수태봉을 활용하면 기근이 수태봉 사이로 파고들어서 성장을 하기 때문에 나중에 삽수를 해체했을 때 이미 뿌리가 발달되어 있어 쉽게 순화가 됩니다.

수태봉이 없더라도 기근 부위에 수태를 감고 비닐랩이나 비닐봉투 등으로 감싸주면 기근이 발달하기 때문에 해체하여 번식할 때 유리합니다. 다만 수태는 실습에서는 수분 증발이 빠른 편이라 늘 촉촉하게 수분 보충을 해줘야 합니다.

Gloster's Home Gardening Story
알로카시아 풍성하게 키우는 법

ALOCASIA JACKLYN VARIEGATA

- **온습도** 최저 13도 이상, 생육온도 16~20도, 습도 40~70%면 좋다.
- **빛** 밝은 빛을 좋아하지만 직광보다는 간접광이 좋다. 식물등만으로도 잘 큰다.
- **흙** 과습에 유의하자. 코코피트 50%+펄라이트 50%
- **물** 배수 잘되는 흙에 심었다면 겉흙 말랐을 때 준다.
- **비료** 비료를 과하지 않게 사용하지 않는 것이 좋다. 자구에서 크고 있는 작은 유묘에게는 비료를 주지 않는다.
- **병해충** 응애가 가장 큰 적이다. 통풍 잘되게 하고, 습도는 40% 이하로 떨어지지 않게 한다. 난황유를 만들어 뿌리면 예방이 가능하다.

다양한 형태의 알로카시아

알로카시아는 우리 주변에서 쉽게 볼 수 있는 열대 관엽식물 중 하나입니다. 카페 등에서 흔하게 볼 수 있는 알로카시아는 대부분 두꺼운 줄기와 큰 잎을 가지고 있는 알로카시아 쿠쿨라타 품종입니다. 하지만 요즘 실내가드닝에서 키우는 알로카시아는 아마조니카, 오도라, 실버드래곤, 드래곤스케일, 플레티넘, 네뷸라, 프라이덱, 아즈라니, 쿠프레아, 재클린 등 잎에 무늬가 있거나 잎의 형태가 독특한 중소형 품종들이 많습니다. 이런 알로카시아들을 키우는 방법에 대해 알아보겠습니다.

온습도

최저온도 13도 이상, 생육온도는 16~20도 정도 유지하면 좋습니다. 습도는 40~70% 정도를 좋아합니다. 베란다 월동은 되지 않으며 겨울에는 반드시 실내로 들여서 따뜻하게 키워야 합니다. 반대로 여름에 너무 덥고 습하면 성장이 더뎌질 수 있습니다. 모든 식물에서와 같이 통풍은 알로카시아에게 중요합니다. 특히 알로카시아는 응애 발생이 매우 잘되기 때문에 통풍이 원활하면 응애의 발생을 줄일 수 있습니다.

빛

밝은 빛을 좋아합니다. 특히 오도라 오키나와 실버 등의 무늬종은 밝은 빛이 없으면 무늬가 적어지는 경향이 있습니다. 직광에 바로 노출시켰을 경우 잎이 탈 수 있기 때문에 간접광에서 키우면 됩니다. 남향 아파트의 베란다 걸이대에서는 빛 노출시간이 제한적이기 때문에 직광에서 키울 수 있습니다. 다만 옮기기 전 충분한 적응기를 거치는 것이 좋습니다. 물론 실내에서 식물등만으로도 키울 수 있습니다. 전구형 식물 등을 식물에서부터 30cm 정도 위에 배치해두고 키우면 큰 문제없이 자랍니다.

흙

알로카시아는 뿌리가 얇고 구근이 있습니다. 따라서 물을 과하게 줘서 과습이 왔을 경우 아주 쉽게 녹는 경향이 있습니다. 그래서 흙은 배수가 잘되게 배합해주는 것이 좋습니다. 코코피트 50%에 펄라이트 50%의 배합토를 사용하면 좋습니다. 뿌리가 꽉 차면 큰 화분으로 바로 옮겨주는 것이 좋고, 옮길 때 실뿌리를 일부 제거해주고 자구가 있을 경우 분리해서 번식시켜주면 됩니다. 또 검게 썩은 뿌리가 있다면 제거해 줘야 합니다.

물

배수가 잘되는 배합의 흙에 심었다면 겉흙이 마르면 물을 주면 됩니다. 알로카시아가 과습에 취약하기 때문에 물을 바짝 말린 다음 물을 줘야 한다고 이야기하는 경우가 있는데, 이는 위험한 이야기입니다. 건조와 과습을 반복하는 것은 알로카시아에게 큰 스트레스를 줄 수 있어 식물이 좋아하는 촉촉함이 꾸준히 유지되는 것이 건강한 식물을 키우는 방법입니다. 과습은 배수가 잘 안 되는 흙에서 겉은 마르고 속은 물이 많이 있을 때 계속 물을 주기 때문에 뿌리가 썩는 경우가 대부분이므로 전체적으로 배수가 잘되는 흙을 사용하고 물을 자주 주는 것이 이러한 문제를 예방할 수 있습니다.

비료

알로카시아에는 비료를 과하게 사용하는 것이 좋지 않습니다. 알비료를 시비할 경우 다른 식물보다 적게 뿌려줍니다. 알비료 없이 액비를 아주 연하게 타서 사용하면 좋습니다(권장 희석량의 2배). 주의할 것은 자구에서 크고 있는 유묘에게는 비료를 주지 않는 것이 좋습니다. 비료에 민감하여 비료가 독이 될 수 있습니다. 유묘가 어느 정도 커진 다음 비료를 주길 바랍니다.

병해충

응애가 가장 큰 적입니다. 알로카시아를 '응애밥'이라고 부를 정도로 응애가 생기면 수액이 다 빨리고 급격하게 잎이 시들어갑니다. 물론 품종에 따라 다소 응애에 강한 알로카시아도 있지만 대부분은 응애에 시달리면 견뎌내지 못합니다. 따라서 평소에 물 샤워 등으로 잎을 잘 씻어주고 물티슈로 잘 닦아주는 습관을 들이거나, 통풍이 잘되고 습도가 40% 이하로 떨어지지 않도록 해줍니다. 조금 더 적극적으로는 응애 예방을 위해서 친환경 난황유 농약을 만들어서 주기적으로 뿌려주거나, 다소 약한 응애약을 구입하여 방제차원에서 가끔 뿌려주면 좋습니다.

응애 외에 총채벌레가 생기는 경우도 있지만, 총채 농약 등을 사용하면 응애보다는 쉽게 없앨 수 있습니다. 알로카시아는 번식력이 상당히 좋은 식물이기 때문에, 다음 장의 번식법을 잘 보고 따라하면 쉽게 번식의 기쁨을 맛볼 수 있습니다.

Gloster's
Home Gardening Story

Q&A

Q. 알로카시아 뿌리를 녹였습니다. 어떻게 다시 살려낼 수 있을까요?
A. 잔뿌리만 녹고 구근 자체가 무르지 않았다면 다시 살려낼 수 있습니다. 구근을 배수가 잘되는 흙에 심고 물을 준 다음 따뜻하고 빛이 있는 곳에 두면 새잎을 냅니다.
만약 줄기 아랫부분이 녹았다면 썩거나 녹은 부분을 칼로 말끔하게 제거하고 말린 다음 물꽂이로 뿌리를 받으면 됩니다. 뿌리가 5cm 정도 수북하게 나면 그때 흙으로 옮겨 심으면 됩니다.
뿌리가 녹은 경우가 아니더라도 쿠쿨라타처럼 나무형으로 자라는 품종이 아닌 알로카시아는 줄기가 길어지면 보기 싫어지기 때문에 줄기가 길어진 경우 칼로 잘라서 맨 윗부분의 줄기를 살짝 말린 다음 물꽂이로 뿌리를 받아 새로 심으면 보기 좋은 사이즈가 유지됩니다. 아래 줄기도 버리지 말고 흙이나 젖은 수태에 눕혀서 새순을 받아 번식할 수 있습니다.

Q. 응애는 참 질긴 것 같습니다. 응애를 구제하기 위한 농약의 사용법이 궁금합니다.
A. 응애는 농약에 대한 내성이 잘 생기는 끈질긴 해충입니다. 따라서 하나의 농약으로만 구제하기가 쉽지 않습니다. 먼저 근처 농약상에서 서로 다른 성분의 응애 농약을 두 가지를 구입합니다. 예를 들어 '쇼크'는 사이에노피라펜이 주성분이고, '노블레스'는 피블루뷰아미드가 주성분이며 '모벤토'는 테트라믹에시드 계통의 농약입니다. 이렇게 서로 다른 성분의

Gloster's
Home Gardening Story

농약을 두 가지 구입합니다. A와 B를 샀다고 가정한다면 A를 살포하고 일주일 휴약, 다시 A를 살포하고 일주일 휴약, 다음에는 B를 살포하고 일주일 휴약, 다시 B를 살포하는 형식입니다. 이렇게 한 달 동안 두 가지의 농약을 2회 번갈아 살포하면 내성이 생길 틈이 없어 대부분의 응애가 사라지게 됩니다. 물론 휴약 기간은 농약마다 다르므로 설명서를 보시고 휴약 기간을 설정하면 되겠습니다.

POINT IT!
알로카시아의 자구는 꼭 확인하자
알로카시아를 심었던 흙에는 자구가 남아 있는 경우가 많습니다. 특히 큰 알로카시아를 키웠던 흙은 손으로 더듬어가며 작은 자구들까지 수확하는 것이 좋습니다. 가드닝용 체가 있다면 체를 활용해서 확인해보는 것도 좋습니다. 이도 저도 아니라면 흙을 버리지 말고 다시 재활용해보세요. 여기저기에서 싹이 나오는 경우도 있습니다.

친환경 마요네즈 난황유 농약 만들기

계란 노른자와 식용유로 만드는 난황유는 만들기가 복잡하여, 마요네즈를 활용한 방법이 더 많이 사용됩니다.

1. 2L 생수병에 10g의 마요네즈를 넣습니다(농촌진흥청 연구 결과에 따르면 예방용과 치료용 난황유 농약의 희석비가 다름-물 2L당 예방용: 7.65g / 치료용: 12.74g).
2. 물을 1/4만 채워서 흔들어 희석한 뒤, 나머지 물을 채워넣습니다.
3. 사용하고 비어 있는 스프레이통에 넣고 사용하면 됩니다(기름성분이 있어 사용후 버려도 되는 스프레이 용기 사용을 권장한다).

절대 마요네즈를 권장량보다 많이 넣으면 안 됩니다. 농도가 너무 진하면 식물의 기공을 막아 식물 성장에 방해가 될 수 있습니다.

마요네즈 난황유 농약 사용법

사용할 때마다 흔들어 희석해줘야 합니다(물과 기름이 잘 섞이지 않기 때문에). 친환경 농약이기 때문에 약효가 강하지 않습니다. 따라서 식물의 줄기와 잎 앞뒷면에 충분하게 분사합니다. 예방 차원일 때는 2주 간격으로 2회 살포하고, 치료 목적일 때는 1주 간격으로 3회 살포합니다.

1. 마요네즈 10g + 2L 생수병 1/4
2. 나머지 물을 채운다.
3. 스프레이통에 넣고 사용한다.

Gloster's Home Gardening Story
알로카시아 번식 세 가지 방법

1

— 자촉

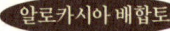

— 근경

뿌리 찢기
자촉을 분리하는 가장 쉬운 방법.
손으로 살살 흔들다가 힘을 주어
분리하면 된다.

알로카시아 배합토

코코피트
50%

펄라이트
25%

녹소토
10%

적옥토
10%

훈탄
5%

2

목대 커팅
목대를 잘라 물꽂이로 새 뿌리를
받거나 취목하여 분리하기도 한다
(89p. 참고).

3

자구 수확
❶ 뿌리에 붙어 있는 자구를
톡 떼어내 일반상토에 심으
면 새 잎이 난다.

자구

❷ 자구의 싹 부분이 위로
올라오게 심는다.

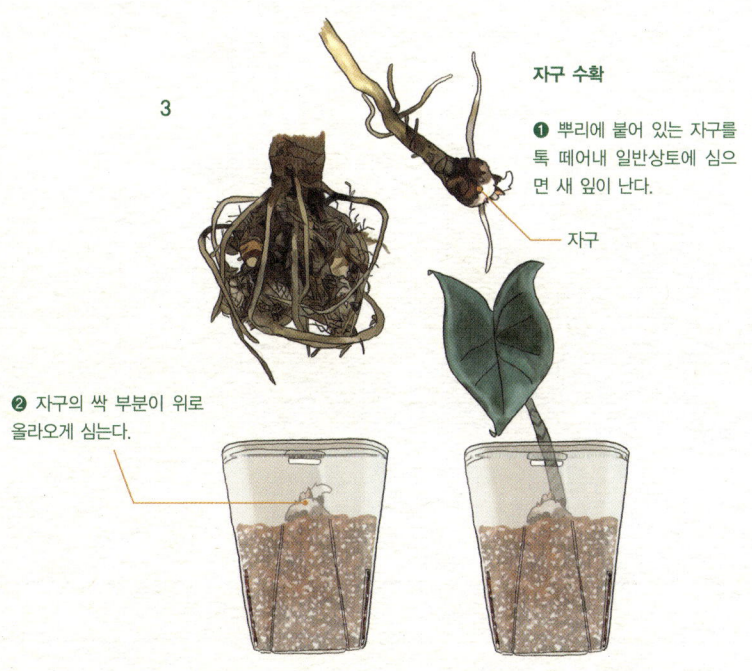

1. 뿌리 찢기

알로카시아를 키우다보면 옆에서 새로운 자구가 나와 여러 촉이 한 화분에서 함께 자라는 것을 볼 수 있습니다. 어느 정도 자란 자촉을 분리하는 방법인 뿌리 찢기는 가장 쉬우면서도 비교적 안전한 알로카시아 번식방법입니다.

자촉의 분리는 어렵지 않습니다. 식물을 화분에서 빼낸 후 분리하고자 하는 자촉을 손으로 살살 흔들다가 힘을 주면, 뚝 소리와 함께 붙어있던 근경(뿌리 부분의 줄기)이 끊어지는 소리가 들리면서 분리됩니다.

분리 후 모체와 연결된 근경의 단면에는 수목보호제를 발라도 되고, 루팅파우더를 발라도 되지만, 대부분의 경우 특별한 조치를 취하지 않더라도 크게 문제가 생기지는 않습니다.

2. 자구 수확

자구란 모체가 더 많은 번식을 하기 위해 뿌리와 잎이 나올 수 있는 작은 덩어리 뿌리를 말합니다. 그런데 알로카시아 분갈이 후 절대 흙을 버려서는 안 된다는 말이 있을 정도로 알로카시아는 알게 모르게 많은 자구를 내어주는 식물입니다. 실제로 알로카시아에 썼던 흙을 재활용해서 다른 식물을 심었는데, 갑자기 작은 알로카시아가 튀어나오는 기분 좋은 경험을 하기도 합니다.

알로카시아는 컨디션이 좋으면 자구를 만들어서 번식을 합니다. 앞서 자촉의 경우도, 자구에서 새잎을 내면서 자라난 것입니다. 알로카시아의 분갈이를 하다 보면, 화분 속에 아직 새잎이 나지 않은 자구들이 발견됩니다. 특히 화분에서 키우는 알로카시아는 원산지와 달리 뿌리가 옆으로 자유롭게 뻗어나가지 못하기 때문에 많은 자구들이 새잎을 내기 어려운 위치에서 발견됩니다. 그래서 분갈이하면서 자구를 수확해 번식을 하는 방법은 상당히 중요합니다. 수확한 자구를 손으로 톡톡 떼어내 일반상토에 심어서 온실에 넣어두면 시간이 지나면서 새잎을 냅니다.

3. 목대 커팅

알로카시아는 점점 위로 올라가면서 목대를 형성하기 때문에 오래 키운 알로카시아 중에서는 보기 좋지 않은 경우도 많습니다. 그런 경우에는 목대를 커팅해서 물꽂이로 새 뿌리를 받아 새로 심거나, 수태와 비닐랩을 이용하여 취목을 한 다음 잘라서 분리하기도 합니다. 이 경우에, 목대를 3~4cm 정도씩 잘라 새로운 개체를 얻는 방법도 가능합니다.

만약 이 방법이 싫다면 생장점 부위 커팅을 하면 맨 윗부분에서부터 새로운 개체가 나오게 됩니다. 이렇게 나온 개체는 잎을 3~4장 이상 받은 다음 잘라서 물꽂이를 하여 뿌리를 받습니다. 뿌리가 나면 흙에 심어서 새로운 개체로 키워내면 됩니다.

Gloster's
Home Gardening Story

___

Q&A

Q. 알로카시아 자구를 심을 때 어느 방향으로 심어야 하나요?
A. 모체에서 근경으로 이어진 부분을 아래로 향하게 합니다. 물론 뒤집어놓거나 옆으로 놓아도 알아서 새잎은 위로 올라오지만, 새잎이 나는 부분을 흙 위로 살짝 올라오게 심으면 더 빠르게 새잎을 볼 수 있습니다.

Q. 알로카시아 자구는 씨앗처럼 오랫동안 보관했다가 심어도 되나요?
A. 자구를 수확한 다음 바로 심지 않고 보관을 했다가 나중에 심게되면, 자구에서 새싹이 날 확률이 줄어듭니다. 자구는 수확과 동시에 바로 심어서 새싹을 받는 것이 성공확률이 높습니다.

Q. 알로카시아 자구가 작아도 따로 분리하여 심는 것이 좋을까요?
A. 자구가 아직 모체와 연결되어 있고 사이즈가 작다면 분리하지 말고 더 클 때까지 두었다가 심는 것이 좋습니다. 다만 이미 모체와 연결이 끊어졌다면 오히려 흙 속에 묻혀 있다가 죽는 경우가 있으므로 꺼내서 따로 심어주는 것이 좋습니다.

POINT IT!
자구에서 싹 틔우는 법
자구가 싹이 나는 데 걸리는 시간은 품종별로 다릅니다. 자구가 썩지만 않는다면 기다리기만 해도 반드시 싹을 내어줍니다. 다만 싹을 내는 시간을 줄이기 위해서는 습하고 따뜻한 환경을 조성해주는 것이 좋습니다. 이를 위해 아크릴 온실 등을 활용하면 새잎을 보는 시간을 단축시킬 수 있습니다.
자구를 심을 때는 일반상토나 피트모스 삽목토를 사용해도 좋습니다. 다만 정식을 할 때는 배수가 아주 잘되는 흙을 사용하는 것이 과습을 방지하는 데 중요합니다. 직접 배합 시에는 코코피트 50%+펄라이트 25%+녹소토 10%+적옥토 10%+훈탄 5% 정도로 배합하고, 그 위에 오스모코트나 멀티코트와 같은 알비료를 올려주는 것이 좋습니다.
배합된 흙을 구입하여 사용한다면 무비상토(코코피트 50%+펄라이트 50%)에 알비료 조합으로도 훌륭하게 키워낼 수 있습니다.

몬스테라 알보 키우는 법과 삽수 번식하기
Gloster's Home Gardening Story

 빛　　유리창을 통과한 빛

 온습도　최저온도 13도 이상, 습도 70% 이상이면 좋지만, 그보다 낮은 습도에서도 적응한다.

 흙　　무비상토(펄라이트 50%+코코피트 50%)에서 잘 자라며, 배수 잘 되는 흙을 사용하면 좋다. 흙은 촉촉하게 유지한다.

물　　겉흙이 마르면 흠뻑 준다.

비료　많이 요구한다. 빛이 충분하고 무늬가 화려하다면 일반 알비료를 화분 위에 듬뿍 얹어둔다.

병해충　병충해가 거의 없는 아주 강한 식물이다. 간혹 응애나 깍지벌레가 발생할 수 있으니 잎을 관찰하며 조치를 취한다.

MONSTERA DELICIOSA VAR. BORSIGIANA ALBO-VARIEGATA

물꽂이 순화

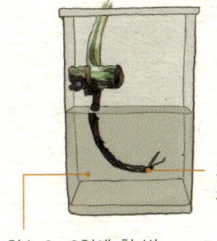

- 햇빛이 들어오는 장소는 피한다.
- 기근만 물에 잠기게 한다.
- 최소 2~3일에 한 번 물을 갈아준다.

코코피트 50% + 펄라이트 50%

배양토 삽목

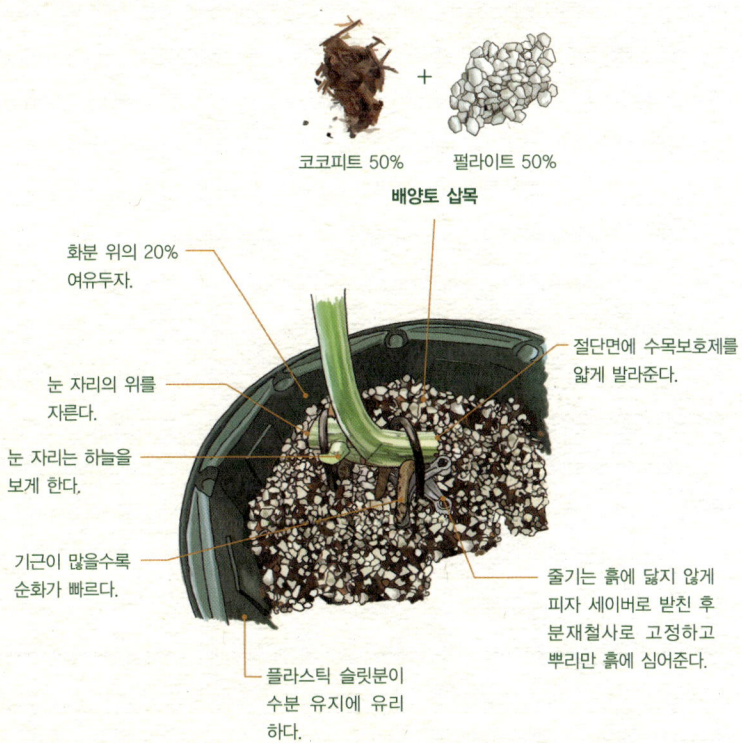

- 화분 위의 20% 여유두자.
- 눈 자리의 위를 자른다.
- 눈 자리는 하늘을 보게 한다.
- 기근이 많을수록 순화가 빠르다.
- 플라스틱 슬릿분이 수분 유지에 유리하다.
- 절단면에 수목보호제를 얇게 발라준다.
- 줄기는 흙에 닿지 않게 피자 세이버로 받친 후 분재철사로 고정하고 뿌리만 흙에 심어준다.

무늬 몬스테라의 여왕

몬스테라 종류 중 무늬를 내는 식물은 다양합니다. 일반적으로 무늬 몬스테라라고 불리는 타이 컨스틸레이션(Thai constellation)에서부터 그 희소성 때문에 엄청나게 높은 가격대의 민트 무늬 몬스테라까지 여러 종이 있습니다. 그중에서도 '몬스테라 델리시오사 var. 보르시지아나 알보 바리에가타', 줄여서 '몬스테라 알보'라고 부르는 이 몬스테라는 아름다운 흰 무늬 때문에 가장 대중적으로 인기가 많은 품종이라 할 수 있습니다.

몬스테라 알보 잘 키우는 법

온습도

최저온도 13도 이상으로 유지해줘야 합니다. 습도는 70% 이상이면 좋지만, 그보다 낮은 습도에서도 적응을 합니다.

빛

유리창을 통과한 빛을 하루 종일 받을 때 가장 이쁘게 자랍니다. 생각보다 몬스테라 알보의 잎은 잘 타지 않고 충분한 광량을 받았을 때 성장도 빠르고 잎의 무늬도 화려하게 유지가 됩니다.

흙, 물

무비상토(펄라이트 50% + 코코피트 50%)에서 아주 잘 자라며 이와 비슷한 정도로 배수가 잘되는 흙을 사용하면 좋습니다. 흙은 촉촉하게 유지해주면 좋습니다. 물은 겉흙이 마르면 흠뻑 줍니다.

비료

비료를 많이 요구합니다. 빛이 충분하고 무늬가 화려하다면 일반 알 비료를 화분 위에 듬뿍 얹어둡니다. 무늬가 적고 엽록소가 많다면 '피터스 결실형'과 같은 상향형의 비료를 사용합니다.

병해충

왠만하면 병충해가 없는 아주 강한 식물입니다. 간혹 응애나 깍지벌레가 발생할 수 있으니 잎을 관찰하며 병충해 발생시 바로 적합한 조치를 취해주면 됩니다.

몬스테라 알보의 흰무늬가 타지 않게 키우는 방법

1. 뿌리가 무조건 건강해야 합니다. 뿌리가 상하면 무늬가 타들어갑니다.
2. 화분 사이즈가 너무 작아서는 안 됩니다. 식물 성장에 따라 분갈이를 해주어야 합니다. 화분에 뿌리가 꽉 차서 흙이 거의 없어져도 무늬가 타기 시작합니다.
3. 공중습도가 높지 않고 건조해도 무늬가 타지 않습니다. 일부 예민한 안스리움이나 필로덴드론 처럼 공중습도에 민감도는 덜합니다. 의외로 건조에도 잘 견디는 품종입니다.
4. 무늬 부분에 물이 오랫동안 고여 있거나 무늬 부분이 유리창에 붙어 있으면 연부병이 오면서 잎이 타기 시작합니다. 그래서 분무를 해주는 것은 그리 좋은 생각이 아닙니다. 빨리 물이 마르지 않으면 흰무늬 부분에는 세균이나 바이러스 침투가 쉽게 됩니다. 무늬잎이 유리창에 붙어 있으면 닿은 부분부터 타들어갑니다. 빨리 소독한 가위로 탄 부분을 제거해주어야 번지지 않습니다.

번식법

몬스테라 속 식물들은 필로덴드론속 식물들과 다르게 새순을 내는 데 시간이 오래 걸리는 편입니다. 짧게는 3개월에서 길면 6개월이 걸리고 삽수의 상태가 좋지 않으면 더 오래 걸릴 수 있습니다. 순화시키는 데 있어 주안점은 커팅된 줄기가 부패하지 않도록 잘 처리하고 관리하는 것과 최대한 뿌리를 풍성하게 내리게 하는 것입니다. 먼저 뿌리가 가득 차야 새순을 내는 특성이 있다는 점을 기억해야 합니다. 겉보기에 변화가 없는 듯 보여도 인내심을 가지고 기다리면, 어느 날 새순이 올라오는 희열을 느낄 수 있습니다.

삽수의 준비

삽수를 내기 위해 커팅을 할 때는 눈 자리를 기준으로 그 위를 자르면 됩니다. 눈 자리를 잘라버리거나 눈 자리 근처를 너무 바짝 자르면 나중에 생장점이 사라질 수 있으므로 아주 조심해야 합니다. 또한 커팅 시 기근을 잘 확인해서 각 삽수가 적당한 기근을 가질 수 있도록 배분해야 합니다. 기근이 많을수록 순화는 빨리 됩니다.

커팅 시에는 소독된 칼을 이용하고, 살짝 말린 다음(수액이 어느정도 마른 다음) 수목보호제의 일종인 '신교나루'나 '기요나루'를 얇게 발라줍니다. 이 제품들은 마르는 데 시간이 걸리기 때문에 어느 정도 꾸덕하게 마르면 그 위에 다시 얇게 한 번 더 발라줍니다(수목보호제가 없다면 양초 촛농을 활용할 수도 있다). 커팅 부위가 잘 처리가 되는 것이 아주 중요합니다. 세균 침투를 잘 막아야 하기 때문입니다. 이렇게 처리가 되면 이제 번식 준비가 다 되었다고 볼 수 있습니다.

순화 방법 두 가지

몬스테라 알보가 삽수의 순화는 가드너의 스타일과 환경에 따라 답이 정해진 것은 아닙니다. 물꽂이, 수태꽂이, 흙에 바로 심기 등 다양한 방법이 있고, 본인의 환경에 맞는다면 모두 좋은 방법일 수 있습니다.

물꽂이 순화

물꽂이는 기근에서 캘러스 생성을 자극하는 장점이 있고, 원활한 수분 공급을 해줄 수 있기 때문에 삽수가 수분 부족으로 시드는 것을 방지할 수 있습니다. 삽수에 기근이 부족하거나, 탑삽수로 새잎이 아직 단단해지지 않았을 경우 사용합니다(가급적 마지막 잎이 단단해진 것을 확인하고 자르는 것이 좋다. 새잎이 나올 때 자르게 되면 새잎이 잘못될 수 있다). 아래의 주의점을 유의해서 물꽂이를 해주는 것이 좋습니다.

1. 커팅된 줄기 부분은 물이 닿지 않게 하고 기근만 물에 잠기도록 하는 것이 좋습니다. 필로덴드론의 경우 줄기가 썩어도 새순이 나오는 속도가 빨라 새순에서 새로운 뿌리를 받아 번식에 성공할 수 있습니다. 하지만 몬스테라는 새순이 나오는 속도가 느리기 때문에 줄기가 썩어들어가게 되면 결국 새순을 받지 못하고 전체적으로 부패하게 됩니다.
2. 물꽂이한 다음 따뜻한 곳에 두어야 하지만 햇볕이 들어오는 장소는 녹조류가 생기고 물이 빨리 상할 수 있으니 피해주세요.
3. '따뜻한 곳=세균 번식이 쉬운 환경'이므로 물을 자주 갈아주세요. 매일 갈아주면 좋지만 어렵다면 2~3일에 한 번이라도 갈아주

면 좋습니다.

4. 물꽂이 용기는 넉넉한 사이즈를 사용하면 온도 변화와 세균 번식 등의 요소에서 조금 더 자유로울 수 있습니다.
5. 삽수 커팅 부분이 썩어 들어가지 않는지 확인이 필요합니다. 물에 세균이 번식하면 물관 등을 통해 세균이 침투하여 삽수 자체가 썩을 수 있습니다. 세균 번식을 막기 위해 소량의 과산화수소를 사용해도 좋습니다.

물꽂이로 충분한 잔뿌리가 생겼다고 판단되면, 배양토로 옮기는 것이 좋습니다. 계속 물꽂이만 하게 되면 영양분 공급이 부족하여 새순이 늦게 올라오게 됩니다.

배양토 삽목

배양토에 바로 삽수를 심어 뿌리를 풍성하게 받은 다음 새순 생성을 유도하는 방법입니다. 삽수에 기근이 충분할 때 사용합니다.

1. 배양토는 무비상토(코코피트 50% + 펄라이트 50%) 삽목토를 사용하면 됩니다. 이때 한 번 썼던 흙은 재사용하면 안 됩니다. 새로운 흙을 사용하는 것이 세균 침투 등을 막을 수 있습니다. 꼭 쓰던 흙을 사용해야 한다면 뜨거운 물로 소독을 한 다음 사용해주세요.
2. 아래에는 난석 등을 이용해 배수층을 만들어주고, 뿌리를 다 들어가게 해준 다음 흙을 부어주세요.
3. 절대로 흙을 누르지 마세요. 공극이 사라져서 뿌리가 숨을 못 쉬

게 됩니다. 화분에 흙을 꽉 채우지 않고 20% 정도 위로 여유를 두고 흙을 덮어줍니다. 그래야 물을 주었을 때 물이 넘치지 않게 할 뿐 아니라 과습을 방지합니다.

4. 화분은 토분보다는 플라스틱 슬릿분이 더 수분 유지에 유리합니다. 사용하는 무비상토 자체가 배수성이 좋은 흙이라서 슬릿분과 매칭이 더 좋습니다.

5. 삽수를 흙에 심을 때 줄기는 흙이 닿지 않게 해주고 뿌리만 흙에 심는 것이 좋습니다. 삽수의 절단면이 흙에 닿으면 잘 처리를 했더라도 종종 삽수가 썩는 경우가 있습니다. 기근이 길면 기근만 심는 것은 어려운 것이 아니지만 조금 짧다면 삽수 아래에 피자 삼발이(피자 세이버) 등을 꽂아서 흙에 절단면이 닿지 않게 해줍니다. 또한 분재철사를 U자로 휘어서 삽수가 흔들리지 않게 고정해줍니다.

6. 삽수를 심을 때 가급적이면 눈 자리가 하늘을 바라보게 해주는 것이 좋습니다. 물론 아래를 보아도 휘어져서 위로 올라가지만, 하늘을 보게 해주는 것이 더 예쁘게 새순이 나옵니다. 또한 잎의 전면부가 해를 볼 수 있게 하면 광합성으로 에너지를 생성하는 데 유리하기 때문에 순화 시간이 더 짧아집니다.

7. 물을 줄 때도 가급적이면 저면관수를 해주거나 조심스럽게 물을 주면서 절단면에 물이 닿지 않게 해주는 것이 좋습니다. 처리가 잘된 경우라면 사실 큰 문제는 없지만, 세균침투를 최소화해주기 위한 배려라고 생각하면 됩니다.

순화 장소 선택 가이드

온도

온도는 최저 온도 20도 정도가 좋습니다. 15도 이하로 내려가면 스트레스를 받습니다. 삽수 상태는 온전한 상태가 아니기 때문에 잘 자리 잡은 몬스테라 알보보다 훨씬 예민하다는 점을 기억하세요.

습도

뿌리가 충분히 나지 않은 상태에서 강한 빛은 무늬 부분(흰 무늬 부분)을 타게 합니다. 뿌리가 부족하니 물을 잘 빨아올릴 수 없고, 물이 부족한 상황에서 실내습도가 건조하다면 타게 되는 것입니다. 하지만 습도가 높은 곳에 두면 엽록소가 부족하고 잎이 얇은 무늬 부분은 무를 수 있어서 몬스테라 알보는 온실보다는 그냥 실습에서 키우는 것이 더 좋습니다. 무늬 부분이 타더라도 새순이 나와서 새로운 개체가 되면 모체의 잎은 제거하면 되기 때문에 너무 신경쓰지 않아도 됩니다.

빛

한 달 정도 뿌리를 받아서 잔뿌리가 충분해지면, 그때는 베란다에서 창을 한 번 통과한 빛을 보여주세요. 햇볕을 보게 하면, 새순이 나오는 것을 자극할 수 있어서 뿌리만 충분하다면 인공조명보다는 햇볕이 더 유리합니다.

물주기 방법은?

무비상토는 배수가 매우 좋습니다. 그래서 물주는 텀이 길어지면 흙이 금방 건조해질 수 있습니다. 너무 건조하면 뿌리가 나는 데 오래 걸립니다. 늘 촉촉하게 유지될 수 있게 해주는 것이 좋습니다. 물을 저면관수로 주면 좋고, 위에서 부어줄 경우에는, 물받이를 두어서 약간의 물이 고여 있다가 서서히 흙에 흡수되며 마르는 방식이 좋습니다.

필로덴드론과 달리 순화에 인내가 필요한 품종이 몬스테라입니다. 대신에 초기에 삽수 케어만 잘해주면 그 뒤로는 꾸준히 물만 잘 줘도 시간이 지나면 반드시 새순이 나옵니다.

Gloster's
Home Gardening Story

Q&A

Q. 삽목 중 흰 무늬가 타는 것 같아요. 어떻게 해야 하나요?
A. 삽수 순화 중에 무늬가 좀 탄다고 해도 크게 걱정하지는 마세요. 뿌리가 충분해지면 더 이상 타들어가지 않지만, 처음에 뿌리가 나는 상황에서는 흰 무늬가 타들어가기도 합니다. 무늬가 탄 부분은 소독한 가위로 잘라서 번지지 않도록 해주세요.

다만, 잎 전체가 시들시들하면서 축 처진다면 줄기와 뿌리를 확인해보는 것이 좋습니다. 과습 등의 이유로 삽수에 세균이 침투했을 수도 있습니다. 그때는 까맣게 변한 부분을 소독이 잘된 날카로운 면도칼로 커팅해준 다음 세균 침투를 막아주는 수목보호제를 얇게 덧바르고 말린 다음 다시 시도해야 합니다.

Q. 순화 중 비료도 줘야 하나요?
A. 초기에 잔뿌리가 내리는 한 달 간은 비료를 주지 않습니다. 하지만 잔뿌리가 어느 정도 났다면 알비료를 올려주세요. 오스모코트나 멀티코트와 같은 알비료를 올려주면 되고, 용량은 테이블스푼 한 스푼 정도면 됩니다. 뿌리가 잘 내리고 나면 비료와 햇볕의 힘이 새순을 내게 한다는 점을 기억하세요.

POINT IT!

몬스테라 알보 삽수 구입 시 유의점

○ **기근이 충분이 있는가?**
삽수를 구입할 때 기근이 많이 있는 삽수가 좋습니다. 물론 기근이 100% 뿌리

를 내는 것은 아니지만, 기근이 두껍고 길수록 뿌리를 잘 낼 가능성은 더 높다고 볼 수 있으니까요. 뿌리가 수태봉에 파고들어 있거나 긴 기근이 이미 흙을 파고들어서 잔뿌리까지 났다면 새순을 보는 데 걸리는 시간은 더 단축됩니다.

○ 새순이 올라올 눈이 잡혀 있는가?
줄기에 동그란 눈이 잡혀 있어야 시간이 지난 다음 새순이 쉽게 올라옵니다. 생장점이 없는 삽수는 뿌리가 풍성하게 내려도 새순이 올라오지 못하는 경우가 많습니다.

○ 잎과 줄기의 무늬가 좋은가?
산반무늬가 있는 잎을 가진 삽수, 줄기에 선명한 줄무늬가 보이는 삽수가 좋은 무늬의 새순을 낼 가능성이 높습니다. 보통 '하프문'이라고 부르는 반반무늬의 경우 삽수에서 새잎이 나왔을 때 간혹 민무늬나 고스트의 극단적인 잎이 나오는 경우도 있기 때문에 산반무늬가 삽수로 구입 시에는 더 안심할 수 있습니다. 모체를 볼 수 있다면 모체의 무늬를 참고하는 것도 좋습니다.

○ 눈 자리가 산반무늬인가?
잡혀 있는 눈 자리에 무늬가 줄무늬로 지나가면 새순이 터졌을 때 무지나 고스트로 나올 확률이 낮습니다.

Gloster's Home Gardening Story
칼라데아 예쁘게 잘 키우는 법

CALATHEA ORBIFOLIA

	온습도	공중습도가 높아야 한다. 바스켓에 하이드로볼을 깔자.
	빛	유리창을 통과한 빛. 여름에는 창가에서 좀더 안쪽으로 들인다.
	흙	배수가 잘되는 흙. 코코피트 50%+펄라이트 50%
	물	배수 좋은 흙에 겉흙에 습도가 느껴지지 않으면 물을 준다.
	비료	완효성의 알비료. 직경 12cm 정도의 화분에 8g 정도의 알비료를 올려준다.
	병해충	응애. 환기와 물 샤워를 통해 발생을 억제하고 난황유 희석액을 사용한다.

칼라데아 번식법
생강근을 분리하여 뿌리 찢기로 번식한다.

생강근

칼라데아의 원산지 이해

칼라데아가 사는 곳은 대부분 브라질 동부와 같은 열대 아메리카 정글의 나무 아래입니다. 따라서 나뭇잎이 부식된 흙(약산성)에서 산다고 보면 됩니다. 그래서 일반상토 중 피트모스나 코코피트가 섞여 있는 흙이 좋고 배합비율이 낮다고 생각되면 여기에 피트모스 등을 더 배합해 주기도 합니다(상토:피트모스=1:1). 다만 피트모스 배합 시에는 과습이 올 수 있어 물주기를 더 조심해야 합니다.

칼라데아의 넓은 잎은 이러한 환경에서 살아가기 위해 최적화된 잎입니다. 정글 속 무성하게 우거진 열대우림은 아이러니하게 지층면에 빛을 상당 부분 차단합니다. 따라서 칼라데아는 밝지만 직광이 들어오지 않는 장소를 좋아하며 강한 빛에는 잎이 쉽게 타버립니다.

칼라데아 인시그니스처럼 밤에는 잎이 올라가고 낮에는 잎이 내려가는 칼라데아들이 많은데 이 역시 낮에는 최대한 광합성을 하고 밤에는 잎이 크기 때문에 다치는 것을 막기 위한 칼라데아만의 생존 방식이라고 할 수 있습니다.

칼라데아가 사는 곳은 큰 나무들의 잎이 막기는 하지만 비가 자주 내립니다. 하지만 떨어진 빗물이 빠르게 흙 속으로 빠져버리는 환경입니다. 그래서 부식된 나뭇잎으로 구성된 표토는 생각보다 건조합니다. 대신 공중습도가 높기 때문에 넓은 잎으로 공중습도를 붙잡아서 수분을 보충하며, 생강과 같은 뿌리들이 서로 연결되어 수분을 저장합니다.

그래서 성장기인 봄부터 가을까지는 규칙적으로 물을 주면 성장에 도움이 되지만(일반적으로 이 시기에는 화분 흙 표면으로부터 2.5cm 정도 아래의 흙이 마른 것을 확인하고 물을 공급한다), 겨울철은 물주기 텀을 길게 가져가야 합니다(화분 속 흙이 대부분 말랐을 때 물을 공급한다).

칼라데아 키우는 법

온습도

열대 아메리카 대륙의 출신답게 칼라데아는 가급적 18~32도 이하의 온도에서 키우는 것이 좋습니다. 특히 추위에 약하기 때문에 겨울에 15도 이하로 떨어지지 않게 해줘야 합니다. 습도는 최소한 60% 이상을 유지해주면 건강하게 잘 자랍니다. 칼라데아는 화분 내 과습은 싫어하지만 공중습도가 높은 것을 좋아합니다. 실내의 건조한 환경을 극복하기 위한 다양한 방법이 있으나, 그중 바스켓에 황토볼과 같은 하이드로볼을 깔고 물을 부어주는 방법이 좋습니다. 물은 넘실거리게 붓지 않고 화분에 물이 닿아서 빨아들여지지 않을 정도로만 부어줍니다. 그렇게 부어준 물은 증발이 되면서 실내의 습도를 올릴 뿐 아니라 확실히 습도가 화분 안으로 들어가면서 나름의 미기후 습도를 만드는 역할을 하기 때문에 식물의 성장에 도움이 됩니다. 열대기후에서는 스콜이 내린 다음 뜨거운 해가 뜨면서 물이 증발하는 현상이 반복됩니다. 그래서인지 열대식물에게는 이 방법이 더 좋다는 이야기도 있습니다.

빛

유리창을 통과한 빛이면 충분합니다. 또한 한여름에는 이 빛도 강하기 때문에 조금 더 안쪽으로 들여서 간접광을 보여주면 됩니다. 실내에서 낮은 광량에도 어느 정도 견디기는 하지만, 식물등을 활용하면 아주 잘 크는 점도 기억해두면 좋습니다.

흙

칼라데아는 흙의 배합이 매우 중요합니다. 일반상토만으로도 물 조절을 잘하면 성장성이 좋지만, 과습을 피하는 것이 매우 중요하기 때문에 일반상토에 코코칩, 펄라이트, 녹소토, 동생사, 산야초와 같은 배수제를 30% 정도 추가해서 사용하면 좋습니다. pH는 5~5.5의 산성 토양을 좋아하기 때문에 이런 약산성의 배수제를 추가하는 것이 더 적합합니다.

대부분의 칼라데아는 원산지에서는 부엽토와 같은 토양 환경에서 자라고 있기 때문에 생강근 등의 수분·양분 저장고를 따로 가지고 있습니다. 그래서 과습이 오면 생강근이 물러져 썩은 다음 잎이 마르다가 나중에 쑥쑥 뽑히면서 죽습니다. 초기 과습이라면 잎을 자르고 흙에서 뿌리를 분리해 무르지 않은 생강근을 선별한 다음 다시 심어서 다소 건조하게 관리하면 살릴 수 있습니다.

물

배수를 아주 좋게 만든 흙이라면 손가락으로 겉흙을 만져보아서 흙에 습도가 거의 느껴지지 않을 때 물을 주면 됩니다. 과습이 유지되면 뿌리가 잘 썩는 편이어서 배수가 좋은 흙에 심어서 자주 물을 주는 것이 칼라데아를 더 건강하게 키울 수 있습니다. 잎이 얇은 특성의 칼라데아는 물이 부족하면 잎이 말리게 되는데, 잎이 얇기 때문에 이런 모습을 보면 바로 물을 흠뻑 줘야 합니다.

염소와 불소에 취약한 칼라데아가 많기 때문에 아파트와 같이 옥상 물탱크에 물을 보관했다가 사용하는 환경이라면 수돗물 직수를 사용해도 좋지만, 정수장으로부터 오는 물을 바로 쓰는 경우라면 물을 하루 이상 받아놓았다가 사용하는 것이 좋습니다.

병해충

응애가 가장 흔합니다. 자주 물 샤워를 시켜주고 잎을 닦아주는 것이 좋습니다. 환기를 위해 서큘레이터를 적극적으로 사용하고 난황유 농약을 만들어서 예방 차원에서 사용하는 것도 좋습니다.

전체적으로 응애가 많이 보인다면 농약상에서 두 가지 다른 성분의 응애 농약을 구입하여 2주 간격으로 번갈아가며 사용하면 박멸할 수 있습니다.

(A) 농약은 1주 간격으로 2번 사용하고, 일주일의 휴약기간을 둔 다음, (B) 농약을 1주 간격으로 2번 사용합니다(A-A-B-B).

비료

완효성의 알비료를 활용합니다. 비료가 부족하면 잎의 색이 진하지 않기 때문에 적절한 비료의 사용은 중요합니다. 직경 12cm 정도의 화분에 8g 정도의 알비료를 올려주면 됩니다.

칼라데아의 번식법

칼라데아는 생강근을 분리하여 번식하면 됩니다. 풍성해진 칼라데아를 화분에서 빼내어 3~4개의 생강근 단위로 분리한 다음 심어주면 됩니다. 생강근을 1개나 2개 단위로 나누면 잘못되거나 잎이 작아지는 등 문제가 있을 수 있으므로 3~4개 단위로 분리해주면 빠르게 순화시킬 수 있습니다. 이때 뿌리의 상태와 크기를 보아서 잎은 적절하게 제거해주는 것이 좋습니다. 잎을 그대로 두고 심으면 잎에서 요구하는 수분을 뿌리가 감당하지 못해 함께 시들 수도 있기 때문입니다.

Gloster's
Home Gardening Story

___

Q&A

Q. 칼라데아 잎이 자꾸 마릅니다. 어떤 문제가 있어서 그런 걸까요?
A. 식물의 잎 두께를 보면 건조에 강한지 약한지를 알 수 있습니다. 칼라데아의 잎은 매우 얇아 건조에 약하다는 것을 알 수 있습니다. 그러면서도 칼라데아는 과습을 싫어합니다. 그래서 흙을 배수가 잘되게 배합하고 차라리 물을 조금 더 자주 주는 것이 좋은 것 같습니다. 배수가 잘되는 흙이라면, 겉흙이 마르면 바로 물을 주어도 크게 문제는 없습니다. 이렇게 해주고 공중습도를 60% 이상으로 만들어주면 잎이 마르는 현상을 개선할 수 있습니다. 또 서큘레이터 등을 통해 공기의 순환을 잘 시켜주는 것도 좋습니다.

Q. 칼라데아 중에 제일 키우기 쉬운 품종은 무엇인가요?
A. 칼라데아 중 마란타 종류가 전반적으로 과습에도 덜 민감하고 잘 크는 편입니다. 마란타, 크테난테 아마그리스 등이 있습니다. 그 외에 네트워크(무자이카), 마코야나도 튼튼한 편입니다. 로제오픽타 종류가 다소 까다롭고 퓨전화이트도 세력이 붙기 전까지는 키우기 쉽지 않은 편입니다. 처음에는 가격도 저렴하고 구하기 쉬운 마코야나 정도로 시작해서 자신감이 붙으면 새로운 칼라데아를 조금씩 늘려보는 것도 좋습니다.

POINT IT!
칼라데아 크고 풍성하게 키우는 법
칼라데아는 가급적 분리하지 않고 같이 키우면 더 잘 크고 튼튼합니다. 번식을 위해 다 나누었을 때 약해져서 죽는 경우가 많습니다. 그래서 분리하더라도 생강근을 다 하나씩 분리하기보다는 3~4개 이상씩으로 나눠서 어느 정도 세력이 유지되도록 하는 것이 좋습니다.

Gloster's Home Gardening Story
칼라디움 잘 키우는 법, 번식 그리고 동면

CALADIUM STRAWBERRY STAR

	온습도	최저온도 21도. 고온을 좋아한다. 습도는 높을수록 좋다.
	빛	최대한 빛을 많이 보여주자. 밝은 간접광이나 걸이대에서도 잘 큰다.
	흙	영양 풍부하고 배수 잘되는 흙. 배수제 30~50% 섞인 배양토가 좋다.
	물	절대 흙이 마르지 않게 관리한다.
	비료	영양분을 좋아한다. 엽면시비보다는 비료 희석액을 저면관수한다.
	병해충	진딧물이 발생할 수 있기 때문에 코니도 입제를 선제적으로 활용한다.

봄철 리스타팅

씨눈

씨눈을 파내고 1~2일 말린 후 심으면 더 풍성하게 키울 수 있다.

겨울철 동면

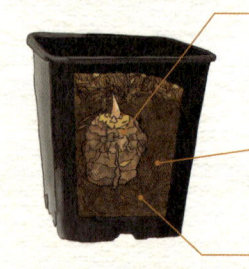

- 칼라디움을 분리한 후 건조한 곳에서 2~3주 말린 후, 덩이뿌리에 묻은 흙을 턴다.
- 톱밥이나 피트모스, 모래 속에 파묻어 관리한다.
- 건조하고 따뜻하게 15도 이상에서 보관한다.

다양하고 화려한 색감의 칼라디움

칼라디움은 남미지방에서 자라는 덩이뿌리식물입니다. 다양한 컬러와 화려한 색감의 잎을 가지고 있어 많은 가드너들에게 사랑받는 품종입니다. 칼라디움은 교잡을 통해 2,000종이 넘는 원예종이 개발되어 있으며 잎의 크기와 형태, 색, 무늬 등이 매우 다양합니다. 다만, 생각보다 키우기 쉽지 않다고 느끼는 가드너들도 많습니다. 우리나라 계절 중 봄부터 가을까지만 성장할 정도로 매우 높은 온도와 습도를 유지해야 하기 때문입니다. 겨울철 15도 이하에서 보관하면 덩이뿌리가 녹아버려 다음 봄에는 흔적도 없이 사라지기도 합니다. 때문에 동면 관리가 중요한 식물입니다. 또한 덩이뿌리에 독성이 있어 애완동물을 키우고 있거나 어린아이가 있다면 주의해야 합니다.

칼라디움 키우는 법

칼라디움은 여름철 충분한 빛과 영양분을 공급해주어서 덩이뿌리의 크기를 키우는 것이 중요합니다. 겉으로 보았을 때 멀쩡해 보여도 빛이 부족하거나 영양분이 부족하면 덩이뿌리의 사이즈가 줄어들게 되고, 작은 덩이뿌리는 동면을 하는 과정에서 소멸되기도 하기 때문입니다.

온습도

덩이뿌리에서 새싹이 나오기 시작하는 온도는 최저온도 21도 이상입니다. 잘 자라는 적정온도는 27~30도입니다. 15도 정도로 온도가 낮으면 칸디덤, 화이트크리스마스와 같은 화이트 계통의 칼라디움은 흰색보다 녹색이 많아집니다. 고온을 좋아하기 때문에 가을이 되어 아침저녁으로 쌀쌀해지면 잎은 점차 작아지고 잎의 숫자도 줄어들게 됩니다. 공중습도는 높을수록 좋습니다. 한여름에 다른 식물들이 힘들어할 때 칼라디움은 오히려 더 생생한 모습을 보이는 것도 그 때문입니다.

빛

칼라디움은 빛을 많이 받으면 무늬와 색상이 화려해지지만 빛이 약하면 색상이 탁해지는 경향이 있습니다. 그래서 최대한 많은 빛을 보여주는 것이 좋습니다. 아파트 베란다 걸이대에 내놓고 키우면 가장 예쁘게 큽니다. 하지만 일반 주택의 정원 등에서는 직광 노출 시 잎이 탈 수 있기 때문에 나무 그늘 아래 두는 것이 좋습니다. 걸이대가 불가능하다면 최대한 밝은 간접광을 찾아 배치합니다.

물

덩이뿌리에서 잎이 나오기 시작할 때 특히 신경을 써야 합니다. 물을 매우 좋아하기 때문에 절대 마르지 않게 유지·관리하되 흙이 아예 푹 젖어 있다면 구근은 썩게 되므로 흙의 과습에도 주의해야 합니다.

흙

영양분이 풍부하고 배수가 잘되는 흙을 선호합니다. 펄라이트, 녹소토, 휴가토, 동생사 등의 배수제가 30~50% 섞인 배양토를 배합해서 사용하면 좋습니다. 또한 알비료를 충분히 올려주어야 합니다.

비료

성장기에는 한 달에 한 번 정도 비료를 희석한 물에 저면관수를 하여 공급하면 좋습니다. 워낙 영양분을 좋아하기 때문입니다. 다만 칼라디움의 엽면시비는 조심해야 하는데, 칼라디움의 잎이 매우 민감해 비료에 의해 잎이 갈변되기 쉽기 때문입니다. 기본적으로 알비료 등을 충분히 올려주어 영양분이 지속적으로 공급되도록 해야 합니다. 다음해 더 큰 구근을 얻기 위해서는 질소-인산-칼륨의 비율을 8:8:8로 사용하면 좋습니다. 질소의 비율이 높은 비료는 피하는 것이 좋습니다. 질소가 많이 공급되면 색상이 흐려지고 웃자랄 수 있습니다.

병해충

처음 덩이뿌리를 심을 때 썩거나 곰팡이가 생긴 부분은 잘 도려내고 다이센엠 등을 발라서 건조시킨 다음 심어줍니다. 그리고 그 이후로도 다이센엠 희석액을 새잎이 날 때까지는 가끔 물 대신 관수해주면 덩이뿌리가 썩는 것을 방지할 수 있습니다. 진딧물이 발생할 수 있기 때문에 코니도 입제를 선제적으로 활용하면 좋습니다. 총채벌레가 발생하면 잎이 기형이 되기 때문에 총채벌레 발생시 농약상에서 '캡틴'과 같은 농약을 구입하여 물 2L에 1ml 비율로 희석하여 사용합니다.

칼라디움 번식과 동면

덩이뿌리의 번식

칼라디움은 감자와 같은 덩이뿌리입니다. 그래서 감자를 번식하는 것과 비슷합니다. 감자도 씨감자의 눈 자리를 보고 잘라서 심으면 새로운 개체가 생기는 것처럼, 칼라디움도 덩이뿌리의 눈 자리를 기준으로 잘라서 번식하면 됩니다. 다만, 너무 작게 자를 경우 소멸할 가능성이 있기 때문에 최소한 가로 세로 높이가 2cm 정도 되게 잘라줘야 합니다. 혹은 칼라디움이 여름을 지나며 자연스럽게 작은 덩이뿌리가 옆에 달리는 경우가 많은데, 이 덩이뿌리를 분리해 번식하는 방법도 가능합니다.

동면하는 법

가을로 접어들며 최저온도가 15도 이하가 되면 동면을 준비합니다. 원래 화분째로 동면시키는 방법과 덩이뿌리를 파내서 동면시키는 방법 두 가지가 있습니다.

화분째로 동면시키는 방법은 장소만 잘 선택하면 됩니다. 덩이뿌리는 최저기온 기준 영상 13도 이하로 떨어지면 죽어버리기 때문에 최저 13도 이상이 유지되는 장소에서 보관하면 됩니다. 이때 물은 거의 안 줘도 됩니다. 동면을 시킬 때 거의 건조한 상태로 보관해도 됩니다. 물이 축축한 것보다 아예 바짝 마른 게 낫습니다. 물론 제일 좋은 건 피트모스에 심고 1~2주에 한 번 물을 스프레이로 아주 살짝 공급하는 방법이 좋습니다. 덩이뿌리를 흙에서 파내서 동면시키는 방법은 다소 복잡한 과정이므로 단계별로 소개하겠습니다.

1. 먼저 흙에서 칼라디움을 분리한 다음 흙을 일부러 털어내지 말고 시원하고 건조한 곳에서 2~3주 말립니다.
2. 2~3주 정도 지나면 마른 잎은 잘라내고 덩이뿌리에 묻은 흙은 털

어냅니다. 그리고 육안으로 잘 확인해서 상처 난 부분이 있다면 도려내고 수화제(항진균제, Anti-Fungal)를 발라 말려줍니다.
3. 칼라디움 덩이뿌리는 영상 13도 이상 유지 되는 장소에 보관을 하며, 보관 시 톱밥이나 피트모스, 모래 속에 보관합니다. 그리고 보관을 위한 피트모스 등은 바짝 말라 있는 것이 아니라 약간의 촉촉함을 유지하는 것이 좋습니다. 이렇게 보관함으로써 덩이뿌리가 지나치게 마르는 것을 방지할 수 있습니다.

칼라디움 봄철 리스타팅

봄이 되면 동면을 시켰던 덩이뿌리에서 새순이 올라옵니다. 저절로 순이 올라올 때까지 뒀다가 흙에 정식하는 것을 추천합니다. 그럴 경우 거의 실패하지 않기 때문입니다. 물론 아직 순이 올라오지 않은 덩이뿌리를 미리 심어주는 것도 가능합니다. 최저온도가 15도를 넘는 시기가 심기에 가장 좋은데 일반적으로는 4월 중순 정도면 충분합니다.

이때 디아잉(de-eyeing, 씨눈 파내기)을 해주면 더 풍성한 칼라디움으로 키울 수 있습니다. 덩이뿌리의 특성상, 씨눈을 잘라냈을 때 숨어 있는 6~7배 많은 작은 씨눈이 성장을 하면서 잎은 작지만 더 많고 풍성한 잎을 보여주기 때문입니다.

프라임 아이(prime eye, 큰 씨눈)만 잘라내어도 서브 아이(sub eye, 작은 씨눈)가 자라면서 잎이 풍성해집니다. 디아잉을 할 때 주의할 점은 씨눈을 도려내고 바로 심으면 안 되고, 최소 12~24시간 통풍이 좋고 시원한 곳에서 수화제를 뿌려 말린 다음 심어야 합니다.

Gloster's
Home Gardening Story

Q&A

Q. 칼라디움이 동면할 때 화분에서 그대로 동면하는 것과 파내서 보관하는 것 중 어떤 방법이 더 나은가요?
A. 스노우화이트박과 같은 드워프 칼라디움의 경우에는 화분째로 동면시키는 방법을 선호하지만, 그 외에는 덩이뿌리만 수확해서 동면시키는 것을 좋아합니다. 파내서 덩이뿌리만 따로 동면을 시키는 이유는 덩이뿌리에 있는 상처 등을 잘 처리주기 때문에 동면 과정에서 덩이뿌리가 소멸되거나 썩는 것을 방지해줄 수 있습니다. 화분 속에 남아 있는 수분으로 인해 동면을 준비하는 동안 손상되는 것도 막을 수 있습니다.
또 여름철에 구근이 커지거나 분리되었을 경우 육안으로 확인하며 수확하는 즐거움도 빼놓을 수 없겠지요.

Q. 저희 집 칼라디움은 늦가을인데도 잎이 무성해요. 언제 동면시켜야 할까요? 그리고 동면시킬 때 잎을 가위로 싹둑 자르나요?
A. 온도가 갑자기 떨어지면 칼라디움의 덩이뿌리가 손상될 수 있기 때문에 가능하면 늦가을에는 동면을 해주는 것이 좋습니다. 이때는 잎을 자르지 말고 실내로 들이되 물을 주지 않고 자연스럽게 잎을 말리면 됩니다. 이 과정을 통해 칼라디움은 동면으로 들어가는 시그널을 받기도 하고 잎의 양분이 덩이뿌리로 전달되기도 합니다.

Q. 수확한 덩이뿌리는 냉장고에 보관해도 되나요?
A. 안 됩니다. 냉장고에 보관 시 온도가 낮아서 덩이뿌리가 다 녹아버립니다.

Q. 칼라디움 덩이뿌리를 구입해서 키우려고 합니다. 덩이뿌리는 클수록 좋은가요?
A. 칼라디움은 초기에 새잎을 낼 때 덩이뿌리에 저장된 영양분을 이용합니다. 따라서 덩이뿌리가 클수록 더 큰 잎을 내고 성장속도도 빠르기 때문에 덩이뿌리는 클수록 좋습니다.

Q. 칼라디움을 심다가 새순을 부러뜨렸어요. 어떻게 해야 할까요?
A. 새순이 부러져도 덩이뿌리에는 생장점이 많기 때문에 새로운 생장점에서 새순이 올라오니 크게 걱정하지 않아도 됩니다. 오히려 이를 이용해서 눈 자리를 제거하는 디아잉 방법으로 더 풍성하게 키울 수도 있습니다.

POINT IT!
칼라디움 구입 시 유의점
칼라디움 구입의 적기는 봄입니다. 덩이뿌리를 구입 시기도 봄이 좋고, 싹이 난 칼라디움이라면 4월 이후 왕성하게 자라날 때 구입하는 것이 좋습니다. 가을에 구입하면 겨울을 나며 잘못될 가능성이 있기 때문입니다. 초봄에 칼라디움의 덩이뿌리를 구입하여 키우는 것이 가장 경제적일 수 있지만, 새잎을 내는 과정이 쉽지 않을 수 있고 간혹 품종이 잘못된 덩이뿌리를 구입하는 경우도 있으므로 칼라디움을 처음 키운다면 새잎이 나온 칼라디움을 확인하여 구입하는 것이 좋습니다.

| Gloster's Home Gardening Story
안스리움 케어와 번식법

ANTHURIUM CLARINERVIUM

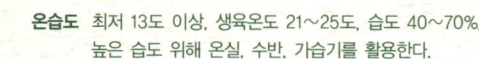

수태로 줄기를 감싸면 기근이 잘 뻗는다.

| **온습도** 최저 13도 이상, 생육온도 21~25도, 습도 40~70%. 높은 습도 위해 온실, 수반, 가습기를 활용한다.

| **빛** 밝은 간접광이 좋다. 직광은 금물. 식물등도 좋다.

| **흙** 배수가 잘되는 배합토

| **물** 뿌리 과습 유의. 난석이나 바크 등 배수 잘되는 흙에 심고 물을 자주 준다.

| **비료** 적게 준다. '피터스 초기생육용' 비료를 약하게 희석. 2주에 한 번씩 엽면시비한다.

| **병해충** 다른 식물에 비해 병충해에 강한 편이다. 물 샤워와 통풍으로 응애 발생을 예방하자.

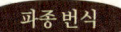
파종 번식

1

열매가 떨어지기 전에 망으로 감싼다.

2

씨앗을 분리해 과육을 제거한다.

삽목 번식

새순과 새 뿌리가 올라오면 줄기에서 잘라 정식한다.

커팅한 줄기를 수태 위에 가로로 눕힌 뒤 고온다습한 온실에 놓아둔다.

3

삽목토에 발아시킨다.

삽목토
코코피트 50% + 펄라이트 50%

안스리움의 암수꽃

1

처음에는 점액질이 몽글몽글 맺혀 화분을 받아들이는 암꽃이 먼저 핀다.

2

점액질이 마르고 화분을 내는 수꽃이 핀다.

3

수꽃의 꽃가루를 묻혀 암꽃에 수분해주면 옥수수 같은 알맹이가 여러 개 생기며 씨앗이 만들어진다.

안스리움, 원종의 아름다움

과거에는 대부분 꽃을 보는 안스리움들을 많이 키웠고 지금도 대중적으로는 가장 보기 흔한 식물입니다. 하지만 열대 관엽식물이 인기를 끌면서 클라리네비움, 크리스탈리넘, 비타리폴리움, 매그니피컴, 메탈리컴, 베이치, 와로크쿠에아눔, 리갈레 등과 같이 잎의 형태나 질감이 독특한 안스리움들이 실내가드닝을 즐기는 사람들에게 인기를 얻게 되었습니다.

모든 식물은 원산지의 환경을 고려해서 키우는 것이 중요합니다. 안스리움은 대부분 중남미 열대우림에서 자라고 있습니다. 필로덴드론도 중남미 열대우림에서 자라지만 가장 결정적인 차이는, 안스리움은 착생식물로 나무의 등걸이나 껍질, 혹은 바위 등에 뿌리를 부착해서 자라난다는 것입니다. 그래서 자연 상태에서의 모습을 보면 바위 등에 수직으로 여러 개체가 붙어서 자생하는 모습을 볼 수 있답니다. 난도 대표적인 착생식물입니다. 그래서 난을 키우는 방법을 잘 활용하면 안스리움을 잘 키울 수 있다는 이야기도 있습니다.

안스리움 키우는 법

온습도

최저온도 13도 이상, 생육온도는 21~25도 정도 유지되는 것이 좋습니다. 아무리 온도가 높아도 32도는 넘지 않도록 관리합니다. 습도는 40~70% 정도를 좋아합니다. 베란다 월동은 되지 않으며 겨울에는 반드시 실내로 들여서 따뜻하게 월동을 시켜야 합니다.

높은 습도 유지를 위해 온실, 수반 이용법(바스켓 등에 황토볼 등의 하이드로볼을 깔고 물을 주어 습도가 위로 올라가게 하는 방법), 겨울철 가습기 등을 활용하면 좋습니다.

빛

밝은 간접광을 좋아합니다. 직광에 바로 노출시켰을 경우 잎이 탈 수 있기 때문에 직광에서는 키우지 않습니다. 베란다 창 측에 두면 되고, 빛이 부족하다면 실내에서 식물등만으로도 키울 수 있습니다. 전구형 식물등을 30cm 정도 거리를 두고 키우면 큰 문제없이 자랍니다.

잎을 보는 안스리움의 경우 잎의 방향이 한 방향을 향하고 있는 모습이 더 예쁘기 때문에 화분을 돌려가면서 키우기보다는 방향을 고정해서 키우면 미적으로 완성도 있는 모습을 만들 수 있습니다.

흙

안스리움의 뿌리는 우동면처럼 두꺼운 경우가 많습니다. 난과 비슷한 뿌리 구조를 지니기 때문에 물을 흡수하는 성질이 있습니다. 따라서 과습이 되기 쉽고, 일단 과습이 오면 뿌리가 빠르게 썩습니다. 따라서 일반상토 100%로 심으면 과습을 자주 경험할 수밖에 없습니다. 가급적 배수가 잘되는 흙을 사용하는 것이 좋습니다.

난석 100%나 바크 100%를 사용할 수도 있는데, 습도와 온도가 잘 맞아야 이런 배합으로 잘 클 수 있습니다. 거의 원산지의 온도와 습도, 그리고 잦은 스콜성 강우가 내리는 환경을 재현해주면 이 조합에서도 잘 큽니다(예를 들어 대형 온실). 하지만 일반적인 우리나라의 실내가드닝

환경에서는 일반상토를 어느 정도 섞어주는 것이 더 잘 큽니다. 아래 몇 가지 배합 방법을 알려드립니다.

1) 일반상토 30% + 피트모스 20% + 바크 30% + 펄라이트 10% + 훈탄 10%

바크는 '오키아타' 바크 소립, 중립을 절반씩 사용하면 좋고, 펄라이트는 대립으로 사용하는 것이 좋습니다. 또, 피트모스의 경우 가루를 낸 피트모스가 아니라 굵은 섬유질이 그대로 살아 있는 화이트 피트모스를 사용하는 것을 추천합니다. 이 배합의 경우 물은 다소 자주 주어도 무방합니다.

2) 일반상토 30% + 코코칩 40% + 난석(중립) 10% + 난석(소립) 10% + 훈탄 10%

코코칩은 너무 가늘거나 굵지 않은 것을 사용합니다. 보통 성인 남성 약지손가락 한 마디 정도 사이즈를 사용하면 됩니다. 바크와 코코칩의 차이는 바크가 물을 거의 흡수하지 않고 뱉어내는 성질이라면 코코칩은 물을 저장하는 능력이 높다는 것입니다. 따라서 이 배합은 앞서 1번의 배합에 비해 물 주기 간격을 길게 가지고 가야 합니다.

3) 일반상토 30% + 바크 40% + 난석(중립) 10% + 난석(소립) 10% + 훈탄 10%

1번 배합에서 바크를 살짝 늘려주고 난석을 대신 더 배합하는 방법입니다. 세 가지 배합 방법 중에서 배수성과 통기성이 가장 좋은 방법이라고 할 수 있습니다.

이런 배합 방법 이외에도 다양한 배합을 시도할 수 있으며, 통기와 배수가 잘되도록 한다는 원칙만 지키면 본인에게 잘 맞는 배합을 만들어내서 사용하면 됩니다.

물

뿌리가 과습에 잘 썩기 때문에 난석이나 바크 등 배수가 잘되는 흙에 심고 물을 자주 주는 것이 좋습니다.

비료

안스리움은 비료를 많이 주어서는 안 됩니다. 다른 식물보다 적은 알비료를 위에 올려주면 됩니다. 귀찮지만 않다면 알비료 대신 '피터스 초기생육(30-10-10)' 액비를 희석하여 2주에 한 번 공급해주는 것이 더 좋습니다. 이때 액비의 희석비는 권장량보다 약하게 희석해서 사용합니다.

안스리움은 마그네슘 요구량이 높은 편이기 때문에 '마캄프K'와 같이 마그네슘이 많이 포함된 알비료를 소량으로 추가해주어도 좋습니다.

병해충

안스리움은 다른 열대 관엽식물에 비해 병해충에 강한 편입니다. 하지만 응애가 발생할 수 있으므로 통풍을 잘 시켜주고 물 샤워 등으로 예방을 해주는 것이 좋습니다.

다양한 안스리움 번식법

안스리움은 필로덴드론 식물들에 비해 번식이 까다로운 편입니다. 성장 속도도 필로덴드론보다 느리고, 마디가 촘촘하게 자라는 특징도 있어서 삽목을 통한 번식이 쉽지 않습니다. 안스리움 번식은 씨앗을 활용한 채종 및 파종, 줄기 커팅, 자촉 분리, 조직배양 등의 방법이 있습니다. 그중 새 촉의 분리 방법은 옆에서 나온 새끼 촉을 떼어내 화분에 심으면 되는 간단한 방법이고, 조직배양은 전문적인 시설과 기술이 있어야 하므로, 여기에서는 파종과 커팅 두 가지에 대해서 알아보겠습니다.

파종하여 번식하기

1 채종하기

채종을 하려면 먼저 씨앗을 얻어야 합니다. 안스리움을 키우다보면 생각보다 자주 꽃대가 나옵니다. 이 꽃의 형태는 우리가 아는 일반적인 꽃과는 정말 다릅니다. 좀 징그럽기도 한 길쭉한 형태의 꽃이 대부분인데, 그 안에 많은 꽃이 달려 있다고 보면 됩니다.

대부분의 안스리움 꽃은 자가수분이 되지 않기 때문에 씨앗을 얻기 위해서는 약간의 트릭이 필요합니다(예외적으로 안스리움 그락실은 가만히 두어도 자가수분이 됩니다).

안스리움의 꽃은 암꽃과 수꽃이 하나이며 시간에 따라 암꽃에서 수꽃으로 변합니다. 처음 나오는 꽃이 피면 점액질이 몽글몽글 맺혀 화분을 받아들일 수 있는 암꽃이지만, 시간이 지나면서 점액질이 마르고 화분을 내는 수꽃이 됩니다. 암꽃이 되면 약간의 액체가 나오면서 수분을 할 수 있는 상태가 됩니다. 그래서 여러 개체를 가지고 있을 경우 꽃이 핀 시기를 체크하여, 수꽃에서 꽃가루를 묻혀 최근에 핀 암꽃에 수분해주면 됩니다. 수분이 성공하면 옥수수 같은 알맹이가 여러 개 생겨나면서 씨앗이 만들어집니다.

2 파종하기

수분이 되면 꽃에서 동그란 열매가 부풀어 오릅니다. 열매가 농익으면 저절로 떨어지기 때문에 양파망 등을 이용해서 감싸주는 것이 좋습니다. 열매가 다 익으면 똑 떨어집니다. 라텍스나 비닐 장갑을 끼고, 체리(과육)에서 씨앗을 1차 분리합니다. 키친타월 등으로 과육을 깨끗하게 제거합니다. 과육이 있으면 곰팡이가 생길 수 있으니 가급적이면 모두 제거해주는 것이 좋습니다. 수태를 잘라서 그 위에 씨앗을 떨어트린 다음 온실에 넣고 고온 다습하게 관리해주면 발아가 진행됩니다.

3 배양토에 심기

수태를 단독으로 사용해도 되며, 수태 75%에 훈탄 25% 정도를 섞어도 됩니다. 혹은 '코코피트 50% + 펄라이트 50%'의 코코피트 삽목토에서 발아를 시켜도 됩니다. 중요한 것은 씨앗을 말리지 말고 체리를 제거한 후 바로 심어주는 것이 좋습니다. 안스리움 씨앗은 다른 씨앗들보다 시간이 지날수록 발아율이 급속도로 떨어지는 것으로 알려져 있기 때문입니다. 발아는 품종에 따라 1주에서 6주까지 시간이 걸리며 이후 성체가 되기까지 시간이 꽤 오래 걸리기 때문에 인내심이 상당히 필요한 번식 방법입니다.

커팅 번식법

안스리움의 커팅은 마디 간격이 상당히 촘촘하기 때문에 쉽지 않은 편입니다. 그래서 먼저 줄기를 수태 위에 올려놓고 온실에 넣어서 새싹을 낸 다음 그 부위를 중심으로 잘라주는 방법이 좋습니다.

먼저 번식을 하고자 하는 안스리움의 줄기를 커팅한 뒤, 커팅한 줄기를 세로로 꽂지 말고 가로로 눕힙니다. 이때 화분 맨 아래에는 난석 등의 배수층을 만들고 그 위에 수태를 올려 커팅한 줄기를 눕힐 화분을 마련합니다. 그 상태에서 고온 다습한 온실에 놓아둡니다. 마디에 숨어 있는 생장점에서 다수의 새순이 올라옵니다. 어느 정도 새잎이 돋아나고, 새로운 뿌리도 나오면 기존 줄기에서 떼어내거나 아니면 붙어 있는 줄기를 잘라서 흙에 정식합니다.

Gloster's
Home Gardening Story

Q&A

Q. 안스리움을 수태로만 심어도 될까요?
A. 안스리움은 수태로만 심어도 처음에는 잘 자랍니다. 하지만 시간이 지나면서 수태가 썩는 경우도 있고, 수태로 인해 뿌리가 덩어리처럼 굳어져 분리하기 어려워질 수 있습니다. 따라서 유묘나 파종할 때를 제외하고는 수태만을 100% 사용하는 것은 추천하지 않습니다. 대신 1년에 한 번 이상 분갈이를 해준다면, 배합 시에 수태를 잘라서 넣어주는 것도 좋습니다.

Q. 안스리움의 줄기를 잘라서 그대로 심는 번식도 가능한가요?
A. 뿌리가 풍성하고 줄기 중간중간 기근이 발달하면서 흙에 파고들었다면 그 방법도 가능하긴 하지만, 줄기가 무르거나 상하는 경우도 많아서 절단면 처리를 확실하게 해주는 것이 좋습니다. 그러나 줄기가 잘게 잘라진 경우 에너지가 부족하여 새순을 내는 속도가 매우 느려질 수 있기 때문에 가급적이면 줄기를 통째로 뉘여서 새순을 받은 다음 분리하는 방법이 좋습니다.

Gloster's
Home Gardening Story

POINT IT!

액비로 더 건강하게 키울 수 있다

안스리움은 적응력이 강한 식물입니다. 온실과 같은 환경에서 너무 과보호하지 말고, 처음 적응이 어렵다고 해도 실습에 적응시키면 이후 받는 새잎부터는 문제없이 잘 자랄 수 있습니다.

잎이 커지면 더 멋있어지는 안스리움이 많습니다. 일단 뿌리가 건강하고 튼튼해야 잎도 커집니다. 기본 관리를 잘해서 뿌리가 튼튼하게 만들어주는 것이 우선입니다. 그리고 안스리움의 경우 새 잎이 나올 때 작은 잎으로 나와 점차 커지는 특성이 있습니다. 이때 액비를 사용하면 조금 더 큰 잎을 볼 수 있습니다. 새 잎이 나왔을 때 비료의 권장 희석비의 2배로 옅은 액비를 만들어서 일주일에 한 번 정도 분무해주면 잎이 더 빠르게 커집니다.

수태로 줄기를 감싸보자

안스리움의 기근이 조금 나오다가 마는 경우가 많습니다. 특히 실습에서 키울 경우 그런 경우가 많은데, 그때는 수태로 줄기와 화분 아랫부분을 감싸주고 촉촉하게 분무하여 유지해주면 기근이 잘 뻗어 나오고 흙으로까지 파고들어가는 경우가 많습니다. 이렇게 기근을 잘 키워놓으면 나중에 커팅을 했을 때 빨리 새순을 내기 때문에 유리합니다.

Gloster's Home Gardening Story
제주애기모람 키우는 법과 테라리움 만들기

테라리움 만들기

- 뿌리가 뻗으면 뚜껑을 조금씩 열어 실습에 적응시킨다.
- 뒷부분은 경사지게 해야 원근감이 생긴다.
- 이케아 바르다겐 유리병
- 돌은 중앙보다 측면에 배치한다.
- 수태
- 일반상토
- 훈탄
- 다육이볼(소)
- 대립 녹소토
- 제주애기모람을 적당한 위치에 깔아준다.

	온습도	습도가 높고 따뜻한 온도를 좋아한다. 베란다 월동은 잘되지 않는다.
	빛	간접광이면 충분하다.
	흙	마사토(소) 80%+상토 20%
	물	물을 아주 좋아하고, 물주는 것을 잊으면 잎이 바짝 마른다
	비료	흙에 알비료를 섞어서 사용한다. 비료가 부족하면 잎의 컬러가 노르스름하게 변한다.
	병해충	거의 없다.

제주애기모람 심는법

마사토 80% + 상토 20%
배합토

❷ 스프레이로 잎 위에 물을 뿌린다.

❶ 줄기를 놓고 그 위에 흙을 살살 깔아준다.

분재철사

❸ U자 형 핀으로 들뜬 줄기를 잡아준 후, 온실에 넣어 습도를 높여준다.

제주애기모람 키우는 방법

제주애기모람은 가장 작은 고무나무 종류로 알려져 있습니다. 제주뿐 아니라 대만이나 일본에서도 발견되는데, 아주 작고 귀여운 잎이 인기가 좋은 식물입니다. 이 장에서는 제주애기모람을 키우는 방법과 간단한 재료만으로 나만의 테라리움을 만드는 방법을 알아보겠습니다.

온습도

제주의 봄~가을 곶자왈처럼 습도가 높고 따듯한 온도를 좋아합니다. 따라서 따듯한 제주와 남부 지방을 제외하고는 베란다 월동은 잘되지 않습니다. 겨울철에는 실내에서 월동을 해야 합니다. 뿌리만 잘 내린 제주애기모람이라면 습도가 다소 낮아도 잘 적응하고 성장합니다.

빛

간접광이면 충분합니다. 실내의 식물등 아래에서 건강하게 잘 자랍니다. 직사광선을 싫어하고 간접광에서 밝음~중간 정도를 좋아합니다. 숲 속 고목이나 암석에 활착하여 살아가는 습성을 이해한다면 쉽게 수긍할 것 같습니다.

흙

흙은 아래의 배합 모두 사용 가능합니다.

1) 마사토(소) 80% + 상토 20%

2) 마사토 20% + 퓨리라이트(다육이볼) 20% + 펄라이트 20% + 녹소토 20% + 상토 20%

물

물을 아주 좋아하고, 물주는 것을 잊으면 잎이 바짝 마르면서 한 번에 무지개 다리를 건넙니다. 따라서 배수가 잘되는 흙에 심고 물을 거의 2~3일에 한 번씩은 주는 것이 안전합니다.

비료

흙에 알비료를 섞어서 사용하면 됩니다. 비료가 부족하면 잎의 컬러가 노르스름하게 변합니다.

제주애기모람 흙에 심기

1. 화분에서 줄기와 뿌리를 분리합니다.
2. 새로운 화분에 1/3 정도로 배수층을 만들어줍니다. 배수층은 펄라이트, 녹소토, 휴가토(난석) 등 비슷한 재료라면 다 괜찮습니다.
3. 흙 배합은 기본적으로 배수가 잘되고, 마사가 많이 든 흙을 쓰면 되는데 배수만 잘되면 흙 배합은 크게 상관은 없습니다. 아래의 두 옵션 중 하나를 선택하여 적당히 깔아줍니다.

    1) 마사토(소) 80% + 상토 20%

    2) 마사토 20% + 퓨리라이트(다육이볼) 20% + 펄라이트 20% + 녹소토 20% + 상토 20%

4. 한 손으로 줄기를 잡고 뿌리를 먼저 늘어뜨린 다음 흙을 다시 살살 깔아줍니다. 생각보다 뿌리가 길고 발달되어 있었습니다. 심고 나면 잔뿌리는 거의 녹고, 큰 뿌리만 활착이 됩니다.
5. 긴 뿌리는 곳곳에 심으며 모양을 잡습니다. 하지만 새로운 뿌리가

나오니, 뿌리에 너무 집착하지 않아도 됩니다.
6. 어느 정도 긴 뿌리들이 심어졌다면 줄기와 잎 위에 거의 덮는 수준으로 흙을 뿌립니다.
7. 약하게 분무하여 잎 위에 묻은 흙을 씻어냅니다.
8. 줄기가 들뜨면 얇은 분재철사로 U자 형태의 핀을 만들어 중간중간 잡아줄 수 있습니다.
9. 다 심고 나면 비닐랩이나 투명 플라스틱 뚜껑 등으로 덮어주거나 온실에 넣어서 습도를 높여줍니다. 높은 습도가 있어야 뿌리가 상한 줄기에서도 잎이 마르지 않고 새로운 뿌리가 빠르게 나기 때문입니다.

번식법

제주애기모람의 줄기를 잘라서 수태나 흙에 올려두고 뿌리가 아래로 파고들 때까지 뚜껑이나 비닐랩을 덮어두면 됩니다. 뿌리가 충분히 아래로 파고 들었으면 조금씩 뚜껑을 열면서 실습에 적응시킵니다.

제주애기모람 테라리움 만들기

준비물

입구가 넓은 유리병, 제주애기모람 줄기, 작은 돌(화산석 등), 배수층용 재료(녹소토, 휴가토, 펄라이트 등), 소립 하이드로볼(다육이볼), 훈탄, 일반상토, 수태

만드는 법

1. 대립 녹소토를 바닥에 깝니다. 앞은 조금만, 뒷부분은 경사를 주면서 상대적으로 높게 깔아줍니다. 이렇게 해야 원근감이 생길 뿐 아니라 공간이 더 넓어집니다. 이케아 바르다겐 유리병을 사용한다면 병의 왼쪽과 오른쪽에 선이 있기 때문에 앞뒤를 구분하여 시야에 선이 걸리지 않게 배수층을 깔아주어야 합니다.

2. 적당한 위치에 돌의 위치를 잡아줍니다.

3. 작은 다육이볼 그 위에 깔고 훈탄, 일반상토, 수태 순으로 깔아줍니다.

4. 준비된 제주애기모람을 하나씩 떼어서 적당한 위치에 깔아줍니다. 초기에는 뚜껑을 닫아주고, 뿌리가 배수층으로 뻗어나간 후에는 뚜껑을 조금씩 열어서 실습에 적응시킨 다음 뚜껑 없이 키우는 것도 좋습니다.

Gloster's
Home Gardening Story

Q&A

Q. 좀더 간단하게 테라리움 만드는 방법은 없나요?
A. 투명 커피 테이크아웃 컵을 이용해도 좋습니다. 만드는 방법은 동일합니다. 공간이 좁기 때문에 돌이나 피규어는 제외하고 만들면 됩니다.

Q. 수태만 깔고 제주애기모람 키워도 될까요?
A. 밀폐를 해주면 수태만으로도 번식이 잘됩니다. 다만 실습 적응 시에 수태가 빨리 마르기 때문에 늘 촉촉하게 유지시켜야 합니다. 제주애기모람은 물 마름에 매우 취약하기 때문에 조심해야 합니다. 또 오래 키우면 영양분 부족으로 잎이 더 작고 성장이 느려질 수 있다는 점을 주의해야 합니다.

POINT IT!

제주애기모람 풍성하게 키우는 법
제주애기모람을 풍성하게 키우고 싶을 때는 뿌리가 잘 난 줄기 중간 중간을 가위로 잘라주면 됩니다. 그 과정을 통해서 더 많은 생장점이 나오게 되어 더 빠르게 풍성해집니다.
제주애기모람은 새로운 줄기가 기존 줄기 위로 올라오면서 잎이 계속 위를 덮습니다. 이로 인해서 아래 줄기는 시들게 되는데, 중간 중간 위를 덮은 새로운 줄기는 잘라주어야 합니다. 물론 자른 줄기는 새로운 번식에 사용하면 됩니다.

Gloster's Home Gardening Story
초코리프 케어, 번식과 수형 잡기

 온습도 15도 이상, 높은 습도가 좋다.

 빛 직광에서 강한 빛을 좋아한다.

 흙 일반상토에서도 잘 자란다. 가급적 배수 좋은 흙에 심는다.

물 건조함을 잘 견디지만 배수 좋은 흙에 키우면 밖에서는 매일 물을 줘도 된다.

 비료 알비료를 보통의 식물과 같이 올려준다. 뿌리 성장이 좋기 때문에 분갈이를 자주하며 비료를 추가해서 사용한다.

 병충해 튼튼하고 강한 식물이라 거의 병해충이 없다.

수형잡기

1	2	3	4

1. 일자로 쭉 자라게 둔다.
2. 생장점을 제거한다.
3. 맨 위 마디에서 3개 정도의 새순이 나온다. 새순이 가지가 되도록 둔다.
4. 한두 마디 남기고 다시 전정한다.

221

붉은 잎 매력적인 초코리프

초코리프의 학명은 유포르비아 코티니폴리아(Euphorbia cotinifolia)입니다. 해외에서는 캐리비언 코퍼 플랜트(Caribbean copper plant) 등으로 불리는데, 붉은 잎 때문에 '초코리프'로 불리게 된 듯합니다. 초코리프는 원산지에서는 큰 나무로 성장하고 높이는 3m에서 크게는 5m 이상까지 자랍니다.

보통 나무에 비해 빨리 자라는 속성수이기 자라기 때문에 원하는 수형으로 만드는 재미가 남다른 초코리프는 그 아름다운 잎의 색상뿐 아니라 선명한 잎맥을 보는 즐거움도 있습니다. 또 빛의 정도에 따라 잎의 색상도 바뀌기 때문에 이 부분 역시 관상 포인트입니다.

초코리프 키우는 법

온습도

15도 이상 따뜻한 온도와 습도가 높은 환경을 좋아합니다. 우리나라에서는 봄에서 가을까지 빠르게 성장을 합니다. 겨울에는 반드시 실내로 들어서 키워야 합니다. 추우면 잎을 떨어트리고 심지어 죽을 수도 있습니다.

빛

직광에서 강한 빛까지를 좋아합니다. 직광에 두어도 잎이 타거나 하지 않을 정도로 강한 빛을 즐기고 그런 빛을 주었을 때 잘 자랍니다.

물

과습을 조심해야 합니다. 차라리 건조함을 더 잘 견딥니다. 그렇다고 해서 너무 건조하게 키워서도 안 됩니다. 늘 촉촉한 정도의 흙을 유지시켜주는 것이 좋습니다. 다만, 밖에 내놓고 키울 때는 매일 물을 줘도 되고, 실내로 들이면 겉흙이 마르는 것을 보고 물을 주면 됩니다.

흙

특별히 흙을 가리지는 않고 일반상토에서도 잘 자랍니다. 가급적이면 배수가 잘되는 흙에 심는 것이 좋습니다. 일반상토에 코코칩(소), 펄라이트나 녹소토 혹은 산야초 등을 20% 이상 더 섞어주면 좋습니다. 또 화분 아래에는 코코칩이나 녹소토, 휴가토 등으로 배수층을 만들어주면 과습을 피할 수 있습니다.

비료

알비료를 보통의 식물과 같이 올려주면 됩니다. 뿌리의 성장성이 좋기 때문에 분갈이를 자주해주면서 비료를 추가해서 사용하면 여름철에는 속도가 매우 빠르게 자라 멋진 토피어리형의 초코리프를 만들어낼 수 있습니다.

분갈이

뿌리 성장이 왕성한 편이므로 1년에 한 번씩 분갈이를 해주는 것이 좋습니다. 분갈이 시 뿌리를 적당히 제거해줘도 스트레스가 크지 않습니다. 하지만 지나치게 뿌리를 제거하면 분갈이 스트레스를 받으니 잔뿌리 정리 정도를 해주면 되겠습니다.

초코리프의 번식법

번식은 씨앗, 삽목의 방법이 있으나 씨앗의 경우 발아율이 떨어지므로 삽목이 가장 효과적입니다. 실제로 발아가 자연스럽게 되어서 아기 초코리프를 키워본 적도 있지만 대부분은 삽목 방법으로 번식을 했습니다. 삽목은 녹지(목질화되지 않은 가지), 목질화된 가지 모두 가능하지만 적당히 목질화된 가지가 잘 무르지 않기 때문에 더 적당합니다.

녹지도 사용할 수 있으나 그 경우 수분이 빨리 마르거나 세균 침투에 취약한 단점이 있습니다. 녹지 삽목을 할 때는 습도를 높여줄 수 있는 방법을 찾는 것이 좋습니다. 다만 주의할 점으로는 상처를 입었을 때 나오는 하얀 수액에 독성이 있어 피부 염증을 유발할 수 있습니다.

초코리프 풍성하게 수형 잡기

전정 작업을 자주 해주어야 웃자라는 느낌 없이 단단한 느낌으로 유지가 가능합니다. 속성수이기 때문에 그대로 두면 집에서 키우기에는 너무 큰 나무가 되어 지속적인 전정 작업이 필요합니다. 가지를 자르면 잘린 가지의 바로 아래 마디에서 2~3개의 새로운 싹이 올라옵니다. 물론 식물의 영양 상태나 컨디션에 따라 새순의 숫자는 달라집니다.

1. 생장점이 살아 있는 초코리프를 구입한 후, 일자로 쭉 자라도록 그대로 키웁니다.
2. 원하는 키가 되면 생장점을 제거합니다.

3. 맨 위 마디에서 3개 정도의 새순이 나오고 그 아래 마디에서도 2~3개의 새순이 나옵니다. 일단 이 새순들이 가지가 되도록 둡니다.
4. 이후 한두 마디를 남기고 다시 전정을 해줍니다. 이런 방식을 반복하면 풍성한 머리를 가진 토피어리형 초코리프를 키우실 수 있습니다.

Gloster's
Home Gardening Story

Q&A
Q. 초코리프는 물꽂이 번식이 불가능한가요?
A. 물꽂이도 가능은 하고, 겨울철 실내에서 물꽂이를 할 때 가장 성공확률이 높습니다. 그러나 날이 조금만 더워져도 삽수가 쉽게 물러집니다. 특히 녹지의 경우에는 더 그런 편이어서 목질화가 진행된 숙지를 활용하는 것이 좋습니다. 이는 물꽂이뿐만 아니라 삽목도 마찬가지입니다. 날이 더워지면 삽목도 쉽지 않습니다.

POINT IT!
겨울철 초코리프 관리법
초코리프는 추위를 극도로 싫어하기 때문에 월동이 까다로운 편입니다. 웃자라더라도 속상해하지 말고 겨울은 그냥 따뜻한 실내에서 식물등으로 키우면 됩니다. 봄이 되어서 따뜻해지면 그때 싹 전정을 해주고 다시 잎을 받아서 봄, 여름, 가을 즐긴다는 기분으로 키우면 됩니다.

부록1 식물 용어

※ 이 책에서 언급된 용어 중심으로 정리하였습니다. 이해를 돕기 위해 일반적으로 통용되는 용어도 함께 반영하였습니다.

○ LUX: 사람의 눈을 기준으로 한 빛의 밝기(조도)를 의미한다.

○ PPFD: 식물 성장(광합성)에 유효한 광자의 개수(빛 알갱이 개수)로 쉽게 이야기하면 식물 성장에 유효한 빛의 세기라고 볼 수 있다.

○ T/R 비율: Top/Root 비율로 식물을 구성하는 두 부분인 상층부와 뿌리의 비율을 의미한다. 이 비율이 비슷해야 식물이 잘 성장한다.

○ 고스트(ghost): 무늬에 엽록소가 없이 무늬로만 구성된 잎을 말한다. 필로덴드론 플로리다 '고스트'처럼 처음에는 고스트로 나왔다가 후발색으로 후암(나중에 잎에 엽록소가 생겨 진해짐)이 되는 경우가 아니라면 광합성을 할 수 없기 때문에 지속적으로 고스트잎만 나온다면 결국 개체가 소멸하게 된다.

○ 관수(灌水): 식물에 물을 주는 것을 말한다.

○ 광합성(光合成): 식물이 빛을 이용하여 양분을 스스로 만드는 과정.

○ 근경(根莖, rhizome): 식물의 줄기가 뿌리처럼 땅속으로 뻗어서 자라나는 땅 속 줄기를 말한다.

○ 기근(氣根, aerial root, 공기뿌리): 필로덴드론, 안스리움, 아이비 등에서 보이는 줄기 중간의 뿌리. 주로 나무를 타고 올라가기 위한 착생의 수단으로 사용된다.

○ 녹지(綠枝): 목본 식물의 가지가 처음 나와 덜 단단하고 뿌리가 잘 내리는 녹색일 때 녹지라고 부른다. 시간이 지나 생육이 정지하고 경화가 진행되어 갈색으로 변한 가지를 숙지(熟枝)라고 한다.

○ 눈 자리: 줄기 중간중간에 보이는 새로운 성장점. 삽목이나 물꽂이 등의 번식을 했을 때 이 눈 자리에서 새로운 잎이 터져나와 하나의 개체가 탄생될 수 있다.

○ 런너(runner): 포복경, 또는 포복지라고 하며, 줄기의 일부에서 기다랗고 가는 줄기를 내어 지상을 포복한다. 그 마디에서 뿌리와 줄기를 생성하여 새 개체가 나오는 것을 말한다.

○ 무비상토(無肥床土): 비료가 들어있지 않은 상토로 삽목을 위해 주로

사용된다.

- 미기후(微氣候, microclimate): 주변환경과는 다른 특정부분의 미시적인 기후를 의미하며, 기후학에서는 일반적으로 지표면과 지상 1.5m까지의 기후를 뜻한다. 다만 가드닝에서는 식물을 키울 때 해당 식물 주변의 미시적인 기후를 의미한다.

- 반반(半半)무늬: 잎의 절반은 무늬부분이고 나머지 절반은 민무늬 부분인 패턴. 하프문으로 부르기도 한다.

- 발근(發根, rooting): 뿌리 내림으로 뿌리가 나오는 것을 말한다.

- 배수제(排水材): 식물을 심을 때 사용하는 식재 중 물을 빠르게 배수시키는 데 도움이 되는 식재를 의미한다. 난석, 녹소토, 동생사 등 알갱이가 굵은 식재들이 대부분 배수제로 사용된다.

- 보상점(補償點): 광합성량과 호흡량이 같아 외관상 이산화탄소의 출입이 없을 때의 빛의 세기다. 보상점이 낮은 식물은 다소 빛이 부족해도 잘 크고 보상점이 높은 식물은 빛이 부족하면 시들어 죽는다.

- **산반(散斑) 무늬**: 무늬가 뭉쳐 있지 않고 잎 전체에 골고루 흩어져 있는 패턴을 말한다.

- **산성도(pH)**: 물의 산성이나 알칼리성의 정도를 나타내는 수치로서 수소 이온 농도의 지수를 말한다.

- **삼투현상(滲透現象, osmosis)**: 물이 농도가 낮은 용액에서 더 높은 용액으로, 부분적으로 투과성이 있는 세포막을 통과해서 이동하는 현상을 말한다.

- **삽목(揷木)**: 식물의 영양기관인 가지나 잎의 일부를 잘라낸 후 땅에 다시 심어서 발근을 통해 새로운 식물을 얻어내는 무성생식 방법. 모체의 DNA가 그대로 복제되는 장점이 있다.

- **삽목토(揷木土)**: 삽목을 위한 흙

- **삽수(揷穗)**: 삽목에 사용하는 모체의 가지

- **상대습도(相對濕度)**: 주어진 온도와 압력에서의 포화 수증기 함량에 대한 실제 수증기 함량의 비율을 백분율(%)로 표시한 것이다.

○ **상토(床土, bed soil)**: 모종을 가꾸는 온상에 쓰는 토양을 말한다. 부드럽고 배수성과 보수성이 모두 좋으며 여러 가지 양분을 고루 갖춘 흙으로, 보통 원예용 상토를 줄여서 상토로 부른다.

○ **생강근(生薑根)**: 칼라데아의 뿌리를 일컫는 말로 생강처럼 생겨서 생강근으로 부른다. 건기에도 개체를 유지하다가 비가 다시 내리면 새롭게 잎을 낼 수 있게 해준다.

○ **생장점(生長點)**: 식물의 줄기나 뿌리 끝에서 세포 증식, 기관 형성을 하는 부분. 활발한 세포분열을 통해 잎, 줄기, 꽃, 뿌리 등을 만든다.

○ **순화(馴化)**: 번식을 위해 자른 삽수의 뿌리를 받고 새 잎을 받는 것 혹은 수입되거나 외부에서 들여온 개체를 본인이 식물을 키우는 환경에 적응시키는 것을 말한다.

○ **시비(施肥)**: 비료를 주는 행위

○ **실습(實濕)**: 현재 식물을 키우고 있는 공간에서의 실제 습도를 줄여서 부르는 말. 일반적으로 가정에서는 온실과 달리 습도가 낮기 때문에 "실습 적응했다"고 하면 낮은 습도에도 적응해서 잘 큰다는 뜻으

로 이해될 수 있다.

- **엽면시비(葉面施肥)**: 식물의 잎에 액비를 주어 기공을 통해 흡수시키는 시비법이다.

- **저면관수(底面灌水)**: 화분 위에서 물을 주는 관수 방법이 아니라 물받침 등에 물을 담아두고 화분의 흙이 물을 빨아올리게 하는 방식의 관수 방법을 말한다.

- **정식(定植)**: 물꽂이나 삽목 등으로 먼저 뿌리를 받은 어린 삽수를 제대로 된 흙과 화분에 심는 것이다.

- **증산작용(蒸散作用)**: 식물의 기공을 통해 식물 안의 수분이 공기중으로 배출되는 작용을 말한다.

- **직광(直光)**: 직사광선. 유리창이나 차광막이 없이 바로 식물로 내리쬐는 햇볕을 말한다.

- **채종(採種)**: 씨앗을 채취하는 것을 말한다.

- **취목(取木)**: 식물의 가지가 모체에 붙어 있는 상태에서 휘묻이를 하거나 수피를 벗기고(환상박피) 그 부위에 수태나 흙을 감아서 뿌리를 내고 이후 잘라내서 독립시켜 번식하는 영양번식법이다.

- **캘러스(callus)**: 식물에 상처가 났을 때 세포 분열로 인해 발생하는 연한 조직으로 뿌리나 줄기가 될 수 있는 세포 덩어리를 의미한다. 주로 물꽂이를 했을 때 가지 끝에 하얀 덩어리가 생기는데 이를 캘러스라고 한다.

- **탑삽수(Top-揷穗)**: 모체를 잘라 삽수를 만들 때 맨 윗부분의 삽수를 말한다.

- **파종(播種)**: 씨앗을 상토에 뿌리는 것을 말한다.

부록 2 이 책에 등장한 식물

- 몬스테라 델리시오사 보르시지아나 알보 바리에가타(Monstera deliciosa var. borsigiana albo variegata) 176
- 몬스테라 델리시오사(Monstera deliciosa) 042
- 몬스테라 에스쿠엘레토(Monstera epipremnoides 'Esqueleto') 012
- 무늬 보스톤 고사리(Nephrolepis exaltata variegata) 188
- 미크로소리움 무지폴리움 '크로코딜루스'(Microsorum musifolium 'crocodyllus') 024
- 박쥐란(Platycerium bifurcatum) 087
- 베고니아 루즈(Begonia cv 'Rouge') 070
- 브레니아 니보사 소코라노(Breynia disticha) 136
- 스킨답서스(Epipremnum aureum) 062
- 싱고니움 포도폴리움(Syngonium podophyllum) 118
- 수성 아이비(Hedera helix) 123
- 안스리움 비타리폴리움(Anthurium vittarifolium) 024
- 안스리움 클라리네비움(Anthurium clarinervium) 204
- 알로카시아 실버드래곤(Alocasia 'silver dragon') 108
- 알로카시아 재클린 var.(Alocasia 'jacklyn' variegata) 163
- 알로카시아 제브리나(Alocasia zebrina) 170
- 알로카시아 프라이덱 var.(Alocasia frydek variegata) 050
- 알로카시아 핑크드래곤(Alocasia 'pink dragon') 100

- 제주애기모람(Ficus thunbergii maxim) 215
- 초코리프(Euphorbia cotinifolia) 221
- 칼라데아 스트로만테 멀티칼라(Calathea Stromanthe sanguinea) 087
- 칼라데아 오르비폴리아(Calathea orbifolia) 188
- 칼라디움 스트로베리 스타(Caladium 'strawberry star') 196
- 필레아 페페로미오데스(Pilea peperomioides) 204
- 필로덴드론 글로리오섬(Philodendron gloriosum) 146
- 필로덴드론 맥도웰(Philodendron McDowell) 150
- 필로덴드론 멜라노크리섬(Philodendron melanochrysum) 146
- 필로덴드론 버럴막스 var.(Philodendron burle marx variegata) 156
- 필로덴드론 버킨(Philodendron birkin) 146
- 필로덴드론 베루코섬(Philodendron verrucosum) 150
- 필로덴드론 브랜티아넘(Philodendron brandtianum) 070
- 호야 크로니아나 '수퍼 에스키모'(Hoya krohniana 'super eskimo') 118
- 히메 몬스테라 var.(라피도포라 테트라스퍼마 바리에가타; Rhaphidophora tetrasperma variegata) 097
- 히메 몬스테라(라피도포라 테트라스퍼마; Rhaphidophora tetrasperma) 017

부록 3 식물 키우는 법

안스리움 클라리네비움 Anthurium clarinervium

- **온습도** 최저 13도 이상, 생육온도 21~25도, 습도 40~70%. 높은 습도 위해 온실, 수반, 가습기를 활용한다.
- **햇볕** 밝은 간접광이 좋다. 직광은 금물. 식물등도 좋다.
- **흙** 배수가 잘되는 배합토
- **물** 뿌리가 과습에 잘 썩기 때문에 난석이나 바크 등 배수가 아주 잘 되는 흙에 심고 물을 자주 주는 것이 좋다.
- **비료** 비료를 적게 주는 것이 좋다. 피터스 초기생육용 비료를 약하게 희석하여 2주일에 한 번씩 엽면시비해준다. 마그네슘이 포함된 알비료를 조금씩 올려주는 것도 좋다.
- **병해충** 다른 식물에 비해 병충해에 강한 편이다. 물샤워와 통풍을 통해 응애발생은 예방해주는 것이 좋다.

알로카시아 핑크드래곤 Alocasia 'pink dragon'

- **온습도** 최저 13도 이상, 생육온도 16~20도, 습도 40~70%
- **햇볕** 밝은 빛을 좋아하지만 직광보다는 간접광이 좋다. 식물등만으로도 잘 큰다.
- **흙** 과습에 유의하자. 코코피트 50%+펄라이트 50%
- **물** 배수 잘되는 흙에 심었다면 겉흙 말랐을 때 준다.
- **비료** 비료를 과하지 않게 사용하지 않는 것이 좋다. 뿌리가 얇아서 과한 비료 사용시 뿌리가 녹는 경우가 발생한다. 자구에서 크고 있는 작은 유묘에게는 비료를 주지 않는다.
- **병해충** 응애가 가장 큰 적이다. 통풍 잘되고, 습도 40% 떨어지지 않게 한다. 난황유를 만들어 주기적으로 뿌려주면 예방이 가능하다.

몬스테라 델리시오사 Monstera deliciosa

- **온습도** 최저 13도 이상 유지, 습도는 70% 이상이면 좋지만, 그보다 낮은 습도에서도 적응한다.
- **햇볕** 유리창을 통과한 빛을 하루종일 받을 때 가장 성장성이 좋다.
- **흙** 코코피트 50%+펄라이트 50%에서 잘 자라며 이와 비슷한 정도로 배수가 잘 되는 흙을 사용하면 좋다.
- **물** 겉흙이 마르면 흠뻑 준다(배수가 좋은 흙을 써서 물을 말리지 않는 것이 중요).
- **비료** 비료를 많이 요구한다. 알비료를 충분히 흙 위에 올려준다.
- **병해충** 왠만하면 병해충이 없는 아주 강한 식물이다. 간혹 응애나 깍지벌레가 발생할 수 있으니 잎을 관찰하며 병해충 발생시 바로 적합한 조치를 취해준다.

몬스테라 알보 Monstera deliciosa var. borsigiana albo variegata

- **온습도** 최저 13도 이상 유지, 습도는 70% 이상이면 좋지만, 그보다 낮은 습도에서도 적응한다.
- **햇볕** 유리창을 통과한 빛을 하루종일 받을 때 가장 성장성이 좋다. 가급적 많은 빛을 보여주어야 무늬가 화려하게 유지된다.
- **흙** 코코피트 50%+펄라이트 50%에서 잘 자라며 이와 비슷한 정도로 배수가 잘되는 흙을 사용하면 좋다. 뿌리가 가득차기 전에 분갈이를 해 주어야 무늬가 타지 않는다.
- **물** 겉흙이 마르면 흠뻑 준다(배수가 좋은 흙을 써서 물을 말리지 않는 것이 중요하다). 스프레이는 하지 않는다. 스프레이를 잘못해서 무늬 부분에 물이 고여있고, 빨리 마르지 않으면 무늬가 타게 된다.
- **비료** 비료를 많이 요구한다. 알비료를 충분히 흙 위에 올려준다. 무늬라고 해서 특별하게 다른 비료를 쓰지 않고 일반 오스모코트를 사용해도 밝은 빛에 노출하면 무늬 유지는 잘 된다.
- **병해충** 왠만하면 병해충이 없는 아주 강한 식물이다. 간혹 응애나 깍지벌레가 발생할 수 있으니 잎을 관찰하며 병해충 발생시 바로 적합한 조치를 취해준다.

보스턴고사리 Nephrolepis exaltata

- **온습도** 최저온도 13도, 생육적정온도 16도~20도, 습도는 60% 이상이 좋으나 그보다 건조하더라도 적응을 한다.
- **햇볕** 빛을 좋아하는 고사리. 밝은 간접광이나 걸이대에서 잘 큰다.
- **흙** 영양 풍부하고 배수 잘되는 흙. 일반상토에 70%에 배수제 30% 정도 섞인 배양토가 좋다. 뿌리가 덩어리지는 특성이 있어 배수제를 충분히 섞어주면 뿌리가 뭉치는 것을 막을 수는 있으나 자주 물을 줘야 하는 단점이 있다.
- **물** 항상 촉촉하게 절대 흙이 마르지 않게 관리한다.
- **비료** 영양분을 좋아한다. 알비료를 충분히 올려준다.
- **병해충** 실내에서 키울 때 거의 병해충이 없다. 진딧물은 코니도 입제를 미리 뿌려준다.

싱고니움 Syngonium podophyllum

- **온습도** 최저온도 10도, 생육적정온도는 21도~25도이다.
- **햇볕** 중간 이상의 빛을 요구된다. 빛이 부족하면 줄기가 길어지는 등 웃자라게 된다.
- **흙** 크게 가리지 않기 때문에 시중에 판매하는 일반 원예용 상토를 활용하면 된다.
- **물** 흙이 마르지 않게 평소에도 물을 충분히 준다.
- **비료** 알비료를 일반적인 식물과 동일한 정도로 올려주면 된다.
- **병해충** 병해충에 강한 품종이지만 통풍이 불량하면 온실가루이나 응애가 발생할 수 있다. 발생시 물샤워를 주기적으로 시켜주고 통풍을 확보해준다. 필요시 농약을 사용한다.

제주애기모람 Ficus thunbergii maxim

- **온습도** 최저온도 10도. 다습하고 따듯한 온도를 좋아하며, 제주도와 남쪽 일부 지역을 제외하고는 월동은 어렵다.
- **햇볕** 직사광선을 싫어하고 간접광에서 밝음-중간 정도를 좋아한다.
- **흙** 배수가 잘되는 토양을 좋아하고 줄기를 뻗어 세력을 확장한다. 일반상토에 마사토, 녹소토, 적옥토를 40% 정도 섞어서 사용하면 된다.
- **물** 흙이 마르지 않게 평소에도 물을 충분히 준다.
- **비료** 흙에 비료를 섞어주면 되나 적은양만 섞어준다. 잎이 노랗게 되면 액비를 희석하여 저면관수해준다(2주에 1번).
- **병해충** 병해충이 거의 없으나 밀폐하여 키울 경우 톡톡이가 생길 수 있다. 피해가 가는 곤충은 아니지만 보기가 싫다면 비오킬 등을 이용해서 제거한다.

초코리프 Euphorbia cotinifolia

- **온습도** 15도 이상, 높은 습가가 좋다.
- **햇볕** 직광에서 강한 빛을 좋아한다.
- **흙** 일반상토에서도 잘 자란다. 가급적 배수 좋은 흙에 심는다.
- **물** 건조함을 잘 견디지만 배수 좋은 흙에 키우면 밖에서는 매일 물을 줘도 된다.
- **비료** 충분한 비료를 주면 성장이 빠르다.
- **병해충** 유포르비아속의 식물로 수액에 독성이 있어 거의 병충해가 발생하지 않는다.

칼라데아 오르비폴리아 Calathea orbifolia

- **온습도** 공중습도가 높아야 한다. 바스켓에 하이드로볼을 깔자.
- **햇볕** 유리창을 통과한 빛. 여름에는 창가에서 좀더 안쪽으로 들인다.
- **흙** 배수가 잘되는 흙을 사용한다. 코코피트 50%+펄라이트 50% 비율의 흙에서 성장을 잘한다.
- **물** 배수 좋은 흙에 겉흙에 습도가 느껴지지 않으면 물을 준다.
- **비료** 완효성의 알비료를 활용한다. 비료가 부족하면 잎의 컬러가 진하지 않기 때문에 적절한 비료의 사용은 중요하다. 직경 12cm 정도의 화분에 8g 정도의 알비료를 올려주면 된다.
- **병해충** 응애가 가장 흔하게 발생한다. 환기와 물샤워를 통해 발생을 억제하고 필요시 난황유 희석액을 사용한다. 전체적으로 응애가 많이 보인다면 농약상에서 2가지의 다른 성분의 응애 농약을 구입하여 2주 간격으로 번갈아가며 사용하면 박멸할 수 있다.

칼라디움 스트로베리스타 Caladium 'strawberry star'

- **온습도** 최저온도 21도. 고온을 좋아한다. 습도는 높을수록 좋다.
- **햇볕** 최대한 빛을 많이 보여주자. 밝은 간접광이나 걸이대에서도 잘 큰다.
- **흙** 영양 풍부하고 배수 잘되는 흙. 배수제 30~50% 섞인 배양토가 좋다.
- **물** 절대 흙이 마르지 않게 관리한다.
- **비료** 영양분을 좋아한다. 엽면시비보다는 비료 희석액을 저면관수한다.
- **병해충** 덩이뿌리를 심을 때 썩거나 곰팡이가 생긴 부분은 잘 도려내고 다이센엠 등을 발라서 건조시킨 다음 심어준다. 진딧물이 발생할 수 있기 때문에 코니도 입제를 선제적으로 활용한다.

필레아 페페로미아 Pilea peperomioides

- **온습도** 최저온도 10도, 생육적정온도 20~25도. 습도는 40~70% 사이가 좋다.
- **햇볕** 잎이 다닥다닥 붙어서 키우려면 밝은 간접광에서 키우면 좋다. 빛이 부족하면 웃자라서 매우 보기가 싫어지는 품종이다. 화분을 고정해서 한 방향으로만 빛을 보여주며 키우는 것이 예쁘게 자란다(이 경우 지지대 필수).
- **흙** 잎이 두꺼운 다육질이므로 과습을 주의해야해서 배수가 잘 되는 흙을 사용한다.
- **물** 과습은 주의해야 하나 건조할 경우 잎이 찌그러질 수 있어 항상 촉촉한 정도를 유지한다.
- **비료** 보통 정도로 비료를 좋아한다. 알비료를 올려주며 키우면 된다.
- **병해충** 응애와 깍지벌레가 간혹 발생한다. 적절한 농약을 사용하여 구제한다.

필로덴드론 베루코섬 Philodendron verrucosum

- **온습도** 최저 15도 이하로 내려가지 않도록 관리. 습도 65% 이상 유지하면 좋다.
- **햇볕** 간접광에 높은 관량을 좋아한다.
- **흙** 코코피트 50%+펄라이트 50% 또는 일반상토+(녹소토+펄라이트+난석 30%)
- **물** 성장기엔 겉흙이 말랐을 때 물을 충분히 준다. 성장이 느려지는 시기에는 성장기보다 물주기 텀을 길게 가져간다.
- **비료** 무늬가 없는 필로덴드론은 비료를 충분히 주어야 성장이 빠르다. 알비료를 얹어주고 한 달에 한 두 번 정도 액비를 권장량의 2배로 희석하여 엽면시비(잎에 액비 희석액을 뿌려줌)를 해준다.
- **병해충** 응애가 자주 발생하는 경우가 많으므로 평소 통풍에 주의하고 물샤워를 통해 해충의 발생을 억제한다. 주기적으로 난황유희석액을 사용하는 것도 좋다.

부록4 유용한 식물 관련 사이트

※(가나다 순)

금성화기토분
과천에 위치한 독일 토분, 국산 토분을 저렴하게 구입할 수 있는 토분도매 판매점(오프라인 only)

더그린 가든센터
고양시에 위치한 가든센터로 다양한 원예용품, 베고니아 등의 식물 판매 (온/오프라인)

데라플로라
경북 문경에 위치한 화원으로 희귀 식물 판매 (온/오프라인)

성모농원(green fingers)
다양한 관엽 식물 판매 (온라인/공지 시에만 오프라인 판매)

아트인플랜츠
희귀 열대관엽 판매(온라인)

열대야
다양한 수입식물 판매 (온라인)

에르베플라워아울렛
용인 남사 소재 가성비 식물 아울렛(오프라인)

조인폴리아
파주에 위치한 다양한 식물, 가드닝 도구 판매 (온/오프라인)

제인스가든
인스타그램: @janesgarden_
대전에 위치한 희귀 식물 판매 화원(오프라인)

젠가든
플라스틱 슬릿분 등 다양한 가드닝 도구 판매(온라인)

플랜터스
이케아 레르베리, 밀스보 등 다양한 선반용 식물등 판매(온라인)

트로피컬 가든
희귀 식물 수입 판매 (온라인)

부록 5 추천 식물 카페

※(가나다 순)

누오로
충청남도 천안시 서북구
한들1로 126-33

오랑주리
경기 양주시 백석읍
기산로 423-19

도프커피
경기 양평군 용문면
용문로 333

지앤아트스페이스
경기 용인시 기흥구
백남준로 7

마이알레
경기 과천시 삼부골3로 17

초록무지개
충남 천안시 동남구
태조산길 208

로컬커피스탠드
서울 양천구 신목로 45-1

카페 노크
경기 용인시 기흥구
용구대로 1910

보타미
경남 창원시 성산구
외동반림로 270-1

카페 싱싱
경기 용인시 처인구
신송로55번길 10

식물카페 아단소니
(본점)
경북 경주시 현곡면
가막골길 34

카페 코이크
서울 마포구 동교로39길 8

아리뜰
충북 청주시 서원구
남이면 2순환로 1712-19

칼라디소토
경기 파주시 탄현면
헤이리마을길 59-138

글로스터의 홈가드닝 이야기

1판 1쇄 발행 2022년 6월 17일
1판 3쇄 발행 2023년 4월 16일

지은이 글로스터
그린이 아피스토
펴낸이 이정희
디자인 조성미
제작 (주)아트인

펴낸곳 미디어샘
출판등록 2009년 11월 11일 제311-2009-33호

주소 03345 서울시 은평구 통일로 856 메트로타워 1117호
전화 02) 355-3922 | 팩스 02) 6499-3922
전자우편 mdsam@mdsam.net

ISBN 978-89-6857-213-5 13520

이 책의 판권은 지은이와 미디어샘에 있습니다.
이 책 내용의 전부 또는 일부를 재사용하려면 반드시
양측의 서면 동의를 받아야 합니다.

www.mdsam.net